古代歷史文化研究輯刊

五　編

王　明　蓀　主編

第29冊

王國維之商周史研究

林　翠　鳳　著

國家圖書館出版品預行編目資料

王國維之商周史研究／林翠鳳 著 — 初版 — 新北市：花木蘭
文化出版社，2011〔民 100〕

目 2+162 面：19×26 公分

（古代歷史文化研究輯刊 五編：第 29 冊）

ISBN：978-986-254-442-6（精裝）

1. 王國維　2. 學術思想　3. 史學　4. 商史　5. 周史

618　　　　　　　　　　　　　　　　　　　　100000599

ISBN-978-986-254-442-6

9 789862 544426

古代歷史文化研究輯刊
五 編　第二九冊　　　　　　　ISBN：978-986-254-442-6

王國維之商周史研究

作　　者	林翠鳳
主　　編	王明蓀
總 編 輯	杜潔祥
印　　刷	普羅文化出版廣告事業
出　　版	花木蘭文化出版社
發 行 所	花木蘭文化出版社
發 行 人	高小娟
聯絡地址	新北市永和區中正路五九五號七樓之三
	電話：02-2923-1455／傳真：02-2923-1452
電子信箱	sut81518@gmail.com
初　　版	2011 年 3 月
定　　價	五編 32 冊（精裝）新台幣 56,000 元

王國維之商周史研究

林翠鳳　著

作者簡介

林翠鳳，臺灣省彰化縣人。國立中山大學文學博士、國立臺中技術學院應用中文系教授。彰化縣詩學研究協會理事、登瀛詩社學術顧問等。曾榮獲：中華民國傳統詩學會「詩運獎」、中國詩人文化會「文化貢獻獎」等。學術編著：《陳肇興及其陶村詩稿之研究》、《鄭坤五研究》、《鄭坤五及其文學研究》、《洪寶昆詩文集》、《詩韻清音曲譜集粹》、《施梅樵及其漢詩研究》、《中華歷代巾幗詩人名作選》等。

提　要

　　本論文旨在通盤縱觀王國維對商周史之研究，以其承前啟後為經，學術研發為緯，共分七章加以探討。

　　第一章「緒論」，簡述關於論文之研究動機與目的、研究方法。

　　第二章「前王國維時期商周史研究回顧」，分從研究材料與研究成果兩方面著手鳥瞰，知商周史的不發達，關鍵在於材料的缺乏與偽雜；研究成果的呈現，又與《史記》與《資治通鑑》的缺略有密切關係。

　　第三章「王國維研究商周史之憑藉」，從外在與內在，雙向探索王國維所以能成就商周史研究大業的憑藉。知其時代遭際與交遊提供優越環境，自身治學的宏博精勵則奠定紮實的基礎。

　　第四章「王國維對商周史材料之處理」，材料的掌握和處理，是王國維治商周史優於前人的條件，因分從理念體認、實際考辨、融合會通三方向考察。知其開明的觀念、踏實的工作，是他成功處理材料的基因。

　　第五章「王國對商周文化之研究」，舉發王國維研究重點，以其對商周史實的開發成果，突顯其學術貢獻。知其以二重證據法多方開拓商周史的真相，其結論或至今不易，或甚具啟發性，促使商周史的內涵逐一揭曉。

　　第六章「王國維對商周史研究之貢獻與影響」，以商周史研究發展至今的立場，回視王國維之貢獻與影響。知其在重建商周史真貌與實踐新史學等方面，都產生巨大可見的影響力，並因此確立其在史學史上不可動搖的重要地位。

　　第七章「結語」，綜合論述本論文寫作心得。

目

次

第一章　緒　論

第一節　研究動機與目的

　　清末民初的王國維（1877～1927），是我國近代史學發展史上，一塊宏偉而嶄新的里程碑。他運用新材料與新方法，結合乾嘉樸學以及個人的稟賦，作出了許多深具貢獻的整理和創見。猶如一顆巨大的慧星，在民初學術界綻放出燦爛耀眼的五采光芒。

　　王國維的成就是多方面的，而他用力最深，成就也最大的，則首推商周史的研究。歷來學者對於他在這方面成績的肯定，也早已成為定論。因為，如果沒有他的開基立椿，商周史的真正面貌，恐怕要延緩面世；而當時的疑古風潮，也恐怕會更為猖獗荒謬了。

　　王國維隨波羽化至今以來，不斷地有學者對他進行研究。然多偏重於其學術內容的駁證。至於針對他在商周史此單一方向的通盤縱觀，似尚待整理。固然王國維在史學上的成就，非我輩所能企及，但若能站在闡揚的立場論之，卻是後人對於一位偉大學者的義務，也是表達崇敬之心的具體作為。因此，筆者才敢秉持一股初生之犢的蠻勇，企圖一窺王國維在商周史學研究上的殿堂，希望以尊重而不失客觀的態度，作較為詳細而全面的推闡，使其商周史的研究內涵，能更加昭彰於世。

第二節　研究方法

　　本論文的研究方法，主要有三：

一、商周史的界定

本文所討論的商周史，是指範圍在商代以至西周初期之間的歷史。而「商周」史一名蓋取自現今學界一般之泛稱，且此稱名亦較能涵括王國維對殷商與周初之研究。商周之世是中國史上一段較爲茫昧的時期，而王國維正因爲是以新舊材料爲依據探究這個時期，得到大成果，才建立起在史學界的不朽地位，因此，我們也就以此爲研討範圍。

二、本王國維治史方法以研究其人其術

王國維在商周史的研究中，最引人稱道的成果之一，是其研究方法的講究。本文以王國維爲討論對象，自當秉持其精神與方法，最主要的是重視淵源流變的精神與徵實的方法，以探其學術究竟。故篇中以文獻回顧爲起始，以其影響爲終結；並多以統計表格的歸納整理方式，清晰呈現事實，冀效一代史學開山之風範。

三、資料處理

搜集資料必求廣備，雖未能盡善，仍努力爲之。至於取捨，略分三點陳述：

（一）王國維一生著述，自其歿後即由其友朋後輩收羅冊集，至今已有數種版本：民國 17 年（1928）羅振玉編貽安堂刊本《海寧王忠愨公遺書》、民國 29 年（1940）趙萬里編上海商務印書館出版《海寧王靜安先生遺書》、民國 57 年（1968）台北文華出版社《王觀堂先生全集》十六冊、民國 65 年（1976）台北大通書局《王國維先生全集》二十五冊、1983 年上海古籍出版社《王國維全集》十六冊。諸版本中以大通本最爲詳備，故以之爲主要依據，其他則爲輔助參考。

（二）對於王國維的研究，學者所論甚多，本文則依持「詳人所略，略人所詳」的原則來進行。篇中第三、四章關於憑藉與材料處理的討論，皆秉此安排。

（三）學術意見上的堅白同異，則以王國維之論說爲中心，向前求於成說，推後求於新見，盼能從學者討論中，明白王國維論見之是非與地位。等五章討論王國維對商周文化的研究時，即持此理念而行。

第二章　前王國維時期商周史研究回顧

　　中華民族是一個史學發達的民族，一部二十五史，是其民族生命的連貫記錄；自古即已設置的史官制度，更是維繫歷史記載於不輟的中樞。

　　然而攤開二十五史，自《漢書》以下爲各代專史，此不待多言；屬於商周史部分，除了通史的《史記》的四本紀二年表——〈五帝本紀〉、〈夏本紀〉、〈殷本紀〉、〈周本紀〉、〈三代世表〉、〈十二諸侯年表〉——及零星記錄外，再也難見有專爲商周史所做的考究。較之歷代歷朝的史志，商周史的篇幅實在極爲貧薄。史遷身在漢代，其作詳於秦漢，略於上古，自是可以理解。中國史學的另一巨製《資治通鑑》，則索性斷自周威烈王二十三年（西元前 403 年），雖然這樣一個起點的選擇有其理由〔註 1〕，但是商代史及大半周代史的付之闕如，則是不爭的事實。

　　誠然，由於上古歷史渺茫難稽，史料傳存有限，使得遙遠的商周史一直是在半信半疑的情況下流傳著。直到清朝末年王國維（1877～1927）的商周史研究，才眞正大舉運用強有力的器物證據，揭開上古的神秘面紗，確立中國上古信史的存在。而造成此一判然分明結果的最大關鍵，即在於研究材料。所謂「一分材料出一分貨，十分材料出十分貨，沒有材料便不出貨。」〔註2〕傳統研究材料的侷限與模糊，連帶使得我國歷代對商周史的研究成果，

〔註 1〕 司馬光對《資治通鑑》的斷代用意，可由劉恕與其對話中得知，《通鑑外紀・後序》有言：「（恕）嘗請於公曰：『公之書不始於上古或堯舜，何也？』公曰：『周平王以來事包《春秋》，孔子之經，不可損益。』曰：『何不始於獲麟之歲？』曰：『經不可續也。』」《四庫全書》冊三一二，台北：商務印書館，民國 72 年，頁 659。（此下所言《四庫全書》皆指此版本）

〔註 2〕 見傅斯年〈歷史語言研究所工作之旨趣〉，原載《中央研究院歷史語言研究所

也只是在有限範圍內兜圈子；而必須等到十九世紀末葉，地下材料大量出土後，商周史的研究方有突破性的作為。

在此，我們便試從研究材料與研究成果雙方面，對我國歷來的商周史研究情形作一鳥瞰。

第一節　研究材料略說

研究材料即指史料，史料是「過去事實所留之一種遺跡」〔註3〕，一般可分為傳說與遺跡二類〔註4〕。對於商周史的研究而言，這些史料都同樣具有重

集刊》第一本第一分，民國 17 年廣州初版。又收錄於杜維運、黃進興編《中國史學史論文選集二》，台北：華世出版社，民國 68 年初版二刷，頁 969～979。

〔註 3〕見何炳松《通史新義》，台北：商務印書館，民國 59 年台二版，頁 13。
德國史學家班漢穆（Ernst Bernheim, 1854～1937，又譯伯倫翰），陳韜譯《史學方法論》（《lehrbuch der historichen Methode》）：「史學所用以獲得其知識之材料，吾人即名之為『史料』（Quellen）。」台北：商務印書館，民國 64 年，頁 187。
法國史學家瑟諾博斯（Charles Seignobos, 1854～1942）《La Methode Historique apolique aux Science Sociales》第一章：「史料即是已過的事實所留下之痕跡」。轉引自陸懋德著《史學方法大綱》，台北：華世出版社，民國 64 年初版，頁 25。
另，梁啟超《中國歷史研究法》：「史料者何？過去人類思想行事所留之痕跡，有證據傳留至今日者也。」台北：中華書局，民國 74 年台十五版，頁 36。楊鴻烈《歷史研究法》：「凡宇宙間可以考察出其『時間性』的事物或現象，都是歷史的資料，簡言之，即為『史料』。」台北：華世出版社，民國 64 年，頁 48。杜維運《史學方法論》：「所謂歷史事實，一般稱之為史料。」台北：三民書局，民國 78 年十版，頁 131。
諸家說法均得其理，而竊以何炳松所擬意義為最精要，故取其說。

〔註 4〕此為班漢穆的史料二分法，其著《史學方法論》，頁 190：「將一切史料區分為傳說與遺跡之二部。」在此我們可以一簡表表示其於文中所述之史料分類系統：

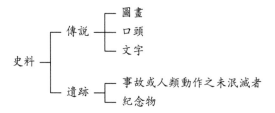

另有將史料分為直接史料與間接史料，或有意史料與無意史料，然而以班漢

要的價值。只是我國歷來對於材料的使用較爲單一化。也就是說,往往是偏重於文獻記載,而忽略實物資料。這對商周史的研究是有所滯礙的。當然,對史料的認同與其價值的體認,是有其時代漸進性的,並不能一昧以現代的史料觀去苛求古人材料使用的偏頗。在此,我們便是要探討前人對商周史研究材料的使用情形。

一、傳　說

（一）傳說的整理

依照班漢穆（Ernst Bernheim）的分類法,傳說包括了「圖畫的、口頭的及文字的三種」,他說:

> 傳說之用意,均在使事故之回想得以保存,故雖程度上不能無別,但均係史料性質。吾人可將其分爲圖畫的、口頭的及文字的三種。圖畫的傳說,在用圖畫以表述歷史上之人物、處所或事故;口頭的傳說中,包括有掌故、諺語以及歷史性質之歌謠等;文字的傳說則有歷史內容之銘誌、日記、譜系、年誌、回憶錄、人物誌等種種。(《史學方法論》,頁 191）

發之爲圖書的傳說,在古史研究中被引用的,比較有限,而口頭的及文字的傳說,則是歷來研究者的主要依據。而依據傳說以考究上古史,不獨中國爲然,「世界各民族的上古史,極少不是根據此類史料以寫成。」(《史學方法論》,頁 133）

上古時期文字初發,口耳相傳是最原始的歷史傳遞方法,《說文解字》「十口爲古」的解釋,或許正是這層意義的反映。商周時代文字已相當進步,但是並未普遍〔註5〕,口傳歷史仍佔有重要地位。口傳史料既騰之於口,也就非

穆之分類法,對史學界的影響最大。杜維運《史學方法論》第九章已有詳細說明。故此採之。

〔註 5〕中國文字的起源,在文獻記載上,以黃帝史官倉頡造字的傳說最爲普遍。近世考古研究上,則發現從新石器時代早期的仰韶文化陶器上的刻劃符號,到商代殷墟的陶器符號與甲骨文字,已經構成了一個由簡單而複雜的發展序列。黃帝時代,按文獻記載估計,大約在西元前 2500～2600 年。仰韶文化,依碳十四測定年代,大約在西元前 515～2460 年,校正後爲西元前 5150～2960 年,比黃帝時代更要超前(數據依許倬雲增訂版《西周史》,台北:聯經出版公司,民國 79 年修訂三版,頁 2),中國文字之源遠流長已無可疑。商周時代之甲骨金文則已六書具備,且數量眾多,中國文字之規模,至此已漸定型。

常容易流失。必須筆之於書，才能被確實保存。口傳歷史必須等到文字更爲發達之後，才被紀錄下來，而這都已經是時代很後的事了〔註6〕。在材料缺乏的傳統商周史研究中，這些不論是否完全可信的傳說，往往被視爲研究上古史的絕佳材料。

徐旭生在其《中國古史的傳說時代》中說：

> 我從現在的歷史發展來看，只有到殷墟時代（盤庚遷殷約當公元前一千三百年時始的），才能算作進入狹義的歷史時代。此前約一千餘年，文獻中還保存一些傳說，年代不很可考，我們只能把它叫作傳說時代。（頁20）

這樣的畫分在今天看來，還是很合理的。但在殷周古物大量出現，受到重視與研究之前，即使是殷墟時代也屬於傳說時代。如果我們也仿照徐旭生的說法，爲王國維之前所謂的傳說時代與狹義的歷史時代作一畫分，則或許可以取東周爲其準界，之前稱爲傳說時代，之後稱爲歷史時代。蓋中國第一本有系統且確實可靠的史書，當推孔子的《春秋》，它編年記載魯隱公元年以下二百四十二年事。魯隱公元年正當周平王四十九年（西元前722年），而平王元年遷都洛邑之時，即已揭開東周序幕。況且《論語·八佾》記孔子言：

> 夏禮吾能言之，杞不足徵也；殷禮吾能言之，宋不足徵也。文獻不
> 足故也，足則吾能徵之矣！

夏殷之世在孔子之時，已爲難於徵實的歷史難題，則其爲傳說時代，不亦宜乎；再者，民國以來第一本中國通史著作——夏曾佑《中國古代史》，也以太古三代爲傳疑時代，東周之春秋戰國稱其爲化成時代，謂：

> 上古之世，可分爲二期：由開闢至周初，爲傳疑之期。因此期之事，

〔註6〕 唯在貴族專學與工具不便等因素下，文字之運用並未普及。李學勤《古文字學初階》中〈文字起源之謎〉一章有簡要說明。台北：國文天地雜誌社，民國78年初版。李師孝定先生《漢字的起源與演變論叢》則以多篇論文進行縝密深入的研究。台北：聯經出版公司，民國75年。

〔註6〕 中國在東周春秋時代以前，記載歷史只有簡單的記言與記事兩種，即《漢書·藝文志》所言：「左史記言，右史記事。事爲《春秋》，言爲《尚書》。」徐旭生《中國古史的傳說時代》，頁19也說：「（早期民族）他們雖然已經進入狹義的歷史時代，可是他們的記錄通常是很簡單的，所記錄的不過是當日的重大事蹟。……在這個時候運用的語言已經相當複雜，而文字的發展卻遠遠落後於語言的發展，所以當日的文字，只能記事，不便於記言，可是當日的重要的語言也會有一部分流傳下來。」台北：仲信出版社。據本書〈後語〉，知其初稿問世於1943年，增訂本成於1958年。

並無信史，均從群經與諸子中見之，往往寓言實事，兩不可分，讀
者各信其所習慣而已，故謂之傳疑期；由周中葉至戰國爲化成之期，
因中國之文化，在此期造成，此期之學問，達中國之極端，後人不
過實現其諸派中之一分，以各蒙其利害，故謂之化成期。〔註7〕

另外，胡適在自述其古史觀時也表示：

現在先把古史縮短二三千年，從《詩》三百篇做起。將來等到金石
學、考古學發達上了科學軌道以後，然後用地底下掘出的史料，慢
慢地拉長東周以前的古史。至於東周以下的史料，亦須嚴密評判。

〔註8〕

這些分期，都可以讓我們大致歸納出：東周以前的時代，在長久以來都是屬
於傳說的範疇。

博採傳說以作爲研究商周古史依據的學者，舉例言之，在西晉有皇甫謐
的《帝王世紀》（久佚，今有輯本），在南宋有羅泌的《路史》，在清代有馬驌
的《繹史》……〔註9〕。這些學者的博採傳說，雖然都不盡合於「多聞闕疑」
之義，但其「聊備一說」的用心，卻也是可以體會得到的。清代趙承恩《路
史·新序》有言：

士生千載後，而欲考據千載之上，難矣！況欲追求古初，搜羅于文
字未興之前，其曠遠荒邈之無稽，有史氏所不能詳者。顧史之爲
書，類以才人之筆，供千百世之士林，探奇索勝，其疑傳疑，信傳
信，究爲史家良法。孔子云「史有闕文」於此見。博稽未逮，存俟

〔註7〕 此段引文轉錄自尹達《中國史學發展史》，台北：天山出版社，未載出版日期，
　　　　頁456。惟於夏曾佑《中國古代史》中未尋獲此段，疑遭刪除。台北：商務印
　　　　書館，民國56年台二版。

〔註8〕 見《古史辨》冊一，民國10年11月28日，頁22。胡適致顧頡剛〈自述古史
　　　　觀書〉。坊間影本，未載出版資料。

〔註9〕 皇甫謐《帝王世紀》今有清代顧觀光輯一卷本，該輯本〈錢熙祚序〉謂：「皇
　　　　甫謐博採經傳雜書。」見藝文印書館·百部叢書集成之五四《指海》。
　　　　羅泌《路史·自序》謂：「皇甫謐之世紀、譙周之史考、張惜之系譜、馬總之
　　　　通歷、諸葛耽之帝錄、姚恭年之歷帝紀、小司馬之補史、劉恕之通鑑外紀，
　　　　亦粗詳矣。而其學淺狹，不足取信。」見明代萬曆年間喬可傳重刻本《路史》，
　　　　台北：台灣中華書局，民國55年台一版。又《四庫全書》二八三冊亦刊《路
　　　　史》正史，然未刊其〈自序〉。
　　　　馬驌《繹史·徵言》謂：「取三代以來諸書，彙集周秦以上事，撰爲《繹史》。」
　　　　見《四庫全書》冊三六五，頁2。

後人可也。

其言甚是！畢竟在載籍真偽難辨，又缺乏有力證據的古代，通採博記，以待後世的董理方法，是有其存在的必要。這些撰述或有人推崇之，或有人貶抑之，姑不論前人如何批評，在已經重視傳說史料價值的今日，卻反而不能不注意到這些「駁雜不純」資料中的可用素材。

商周史傳說的記載，一般是在太古三代的範圍之中，因為商周與太古，如前所述，一樣都是屬於傳疑迷茫的世代，但若仔細區別，其實兩者之間仍然有著些許的差異。這個差異，主要指的就是狹義的傳說與神話的不同。此一不同，在譚達先《中國神話研究》中說得明白：

> 神話和傳說最大的不同有兩點：其一，主人公的特點不同。神話的主人公是神，或半人半神，他的狀貌、才能、功業，具有誇張怪異因素，充滿浪費主義色彩；傳說的主人公則是人，他的狀貌、才能、功業，雖具有想像虛構因素，可以具有較多的浪費主義色彩，但是更接近人間。二、生活色彩不同。神話反映的多半是超乎現實生活，傳說則大致接近或符合現實生活。〔註10〕

商周時代雖仍傳疑，但因與歷史時代更為接近，故其現實理解成份較多，浪漫想像的成份較少，由其記載之中，實較易整理出接近史實的面貌。

（二）以馬驌《繹史》為例

在通採博記的諸多著述中，最突出者，當為清代馬驌的《繹史》。在材料上，他不以儒家經典為束縛，而將經、史、子、集平等採用，互相印證。匯集各方面的記載，評述人事，明載治亂，又細說典章制度，作表、附圖、寫志，關懷的層面涵蓋了政治、經濟、文化、學術等多方面。又綜合了紀事本末、紀傳、編年諸體裁的優點，創立了新的體例〔註11〕。在內容及材料上，都比前人更為豐富宏博，而馬氏也因此在當世就享有「馬三代」的盛譽〔註12〕。李清序《繹史》，說此書在「體例之別創」、「譜牒之咸具」上勝於古

〔註10〕見《中國古代神話・中國神話研究》，台北：里仁書局，民國74年，頁25。
〔註11〕《四庫全書》將馬驌《繹史》歸諸史部紀事本末類，此法恐怕值得商榷。蓋《繹史》乃兼採三種傳統史書的體裁優點，所綜合創造的新體裁，紀事本末體是無法全部統括的。梁啟超《中國近三百年學術史》，頁305謂：「其體製別創確有足多者，蓋彼稍具文化史的雛形。」或稍可表之。
〔註12〕見王漁洋《池北偶談》：「其書最為精博，時人稱為馬三代。崑山顧亭林尤服之。」《四庫全書》冊八七○，頁132。

人，正肯切地指出了《繹史》的成就所在。〔註13〕

　　馬驌寫作《繹史》所用的材料，在其自序之《徵言》中有清楚的說明。他將書中所採錄的書籍分爲七類，計「經傳子史」三十六種、「傳疑而文極高古」者一十種、「眞贗錯雜」者五種、「附託全僞」者六種、「漢魏以還稱述古事」者四十五種，另有「全書闕軼其名僅見」者四十三種、「緯讖」諸書四十七種，「取諸箋注之言類萃之峽」者二十六種，合計至少百一十八種書。而其內容實際採用的書籍，當不盡列於〈徵言〉之中，則馬驌所取載籍之浩博，即可見一般。

　　馬驌採書雖博，然亦有其主旨與原則，從其〈徵言〉一文中便可探知。其主旨主要有二：

1. **觀異同**：文中有言「漢魏以還，稱述古事，兼爲採綴，以觀異同。」蓋以漢魏去古未遠，諸書雖詳略不同，而仍可參用。
2. **廣見聞**：文中亦言「互見疊出，不敢偏廢，所謂疑則傳疑，廣見聞也。」此乃古書中同事異文、同文異人之例甚眾，廣置見聞，以資憑藉也。

　　此二主旨正乃「通採博記，以待後世」的中心思想。而其採書原則，除前面所言七類外，另可有二：

1. **於古有近者皆收存之**：文中有云「莊列寓言，事雖不信，文亦奇矣。」「於陵子之類，皆近代之人依名附託，鑿空立論，膚淺不倫，姑存一二。」「諸書去古未遠。」可知馬氏雖知書籍有僞有誤，而仍以寬廣的標準採錄之。
2. **有所不錄**：馬氏所不錄者有二：蓋「列在學官四子書不錄」，以其爲士子自幼誦習通熟之書，故不錄；另「自隋以後，例概不取」，以其去古已遠而棄之。

〔註13〕《繹史‧李清序》云：「予讀之，善其獨勝古人者有四焉：一曰體製之別創也，一曰譜牒之成具也，一曰紀述之靡舛也，一曰論次之最覈也。」台北：廣文書局，未載出版日期。
　　　　李清所言《繹史》四項特點，有得其公允者，如其所前二項：亦有其溢美者，如後二項。陳其泰《中國古代史學人物‧下‧馬驌》：「清初著名文人李清曾詳論《繹史》有四個特點……前兩項所談是很有見地的。」台北：國文天地雜誌社，民國78年，頁106。梁啓超《中國近三百年學術史》：「李映碧（清）爲作序，稱其特長有四……後兩事吾未敢輕許。」台北：華正書局，民國73年初版，頁305。

以上四項特點，使《繹史》一書的「比類」性質頗爲顯明。章學誠《文史通義》有言：

> 但爲比類之業者，必知著述之意，而所次比之材，可使著述者出，得所憑藉，有以恣其縱橫變化。（〈外篇三・報黃大俞先生〉）

> 記注欲往事之不忘，……藏往欲其賅備無遺。（〈書教〉下）

馬驌《繹史》之作正有此意。〔註14〕

但不可諱言的，他大量地抄輯《古史考》、《帝王世紀》等著作，並雜引真僞怪奇諸書，對於材料的選擇太寬鬆，未經精審篩選，而落得博而無穢的批評。即如梁啓超在《中國近三百年學術史》中所言：

> 宛斯（馬驌字）輩欲知孔子所不敢知，雜引漢代讖緯神話，泛濫及魏晉以後附會之說，博則愈益其蕪穢耳。（頁 305）

《繹史》雖然類纂群籍，但也作了一些貫通考證的工作，例如：他能提契一個時期的代表事件和人物，以「商湯滅夏」、「武王克殷」……等，來標幟出時代的關鍵；他採輯《詩經》中的「變風」諸篇作爲材料，補充素來缺乏的西周末年史料〔註15〕；他精心製作許多的世系圖、年表、地圖、古器物圖，提供全書的閱讀線索及實證印象……，這些都足以表明他的確是用心地下過功夫，而非僅止於資料剪輯而已。恰如《四庫全書提要》所言：

> 蒐羅繁富，詞必有徵實，非羅泌《路史》、胡宏《皇王大紀》所可及。

《繹史》宏富的材料與新體裁的敘述方式，都爲後來研究商周史者提供了極大的便利。錢穆先生《中國近三百年學術史》講得最好：

> 極清儒成績所至，最要者不過爲古史發明，則宛斯此書，豈不已牢籠範圍，而爲之大揚權乎！（上冊，頁 156）

〔註14〕章學誠在其《文史通義・亳州志人物表例議上》中曾詳論：「馬氏之書，本屬類纂，不爲著作。」台北：華世出版社，民國 69 年初版，頁 468。梁啓超《中國近三百年學術史》說：「馬書以事類編。」（頁 305）錢穆《中國近三百年學術史》也說：「其（指馬驌）意惟實齋能言之。所謂著述與比類不同……宛斯此書，正欲求賅備。」台北：商務印書館，民國 76 年台九版，頁 156。劉節《中國史學史稿》則謂章學誠之評論乃「皮相之論。」台北：弘文館出版社，民國 75 年，頁 381。觀《繹史》內容，則竊以爲章學誠之見乃卓識也。

〔註15〕《繹史・卷二十八・列國傳世》：「列國之事，其在春秋甚詳，而幽、平以前略不多見。……秦、晉、衛、齊、鄭、陳之詩於變風，不可闕也，故頗採輯於篇。」《四庫全書》冊三六五。

《繹史》整理傳說資料固然有所缺失，但觀其大體，仍是傳統古史撰述中的
佼佼者。

（三）經史的釐清

文字記載的史料，尤其是指原始即是文字記載的文獻，非由口述而寫成，
比傳說有著更大的可靠性。文字記載意味著歷史的寫定，這需要具備文字的
成熟，以及專人紀錄的兩項條件。而商周時代的文字既已兼賅六書，史官亦
已常設，條件既然兼具，文字專載乃自然存在。〔註16〕

商周史的完整文字記載，自古即推許《詩》、《書》、《易》、《禮》等古經
典。《尚書》是一部古代的政治文獻記錄，《詩經》則是我國最早的一部詩歌
總集，《易》是卜筮之書，《禮》是禮儀制度的規範，它們的內容記錄了許多
商周時代的史事和言論。在考證學發達的今天，我們知道經書中有部分是後
人偽撰增益的，有部分則頗為可靠。

在此便牽涉到了傳統經史關係的問題。儒家經學在中國已經屹立了兩千
多年〔註17〕，且一直高居中國學術界的領導地位。就傳統史學而言，也就一
直籠罩在經學的巨大影響之下。太史公敘述孔子所作之《春秋》，乃著眼於其
「以繩當世貶損之義，後有王者舉而開之，《春秋》之義行，則天下亂臣賊子

〔註16〕甲骨文及金文之兼賅六書，已成常識。可詳李師孝定先生所著《漢字的起源
　　　及演變論叢》。我國史官的設置，現已可確定，至少在殷商時期已經存在。本
　　　來《後漢書・班彪傳》中即有所謂：「唐虞三代，《書》、《詩》所及世有史官，
　　　以司典籍。」而近代學者如李宗侗〈史官制度──附論對傳統之尊重〉（台大
　　　《文史哲學報》第十四期）、勞榦〈史字的結構及史官的原始職務〉（《大陸雜
　　　誌》十四卷三期）等都已充分證明商朝史官的存在。

〔註17〕自漢武帝建元元年（西元前 140 年）採董仲舒對策之議，罷黜百家，獨尊儒
　　　術起，以至清光緒三十一年（1905），廢科舉止，共歷 2045 年。以武帝立經
　　　尊儒為經學起點，殆無疑義。至於經學終點，許凌雲《讀史入門》謂：「直至
　　　五四運動摧毀封建文化，經學始告終結。」北京：北京出版社，1989 年一版
　　　一刷，頁 248。此言不無道理。但竊以為：五四運動對文化的影響雖是巨大而
　　　迅速，但仍是漸進的，且其形成影響的因素太複雜。而光緒年間廢除科舉的
　　　政令影響，則與武帝立經尊儒的影響一樣，是顯著而直接的。科舉的廢除，
　　　等於解除了讀書人的思想枷梏，去除了促使學子研經的動力，使中國士子從
　　　此海闊天空，其他學科才得到與經學平等競爭的機會和地位。再看看清末最
　　　後一場經學爭辯的代表作──康有為〈新學偽經考〉（1891）、〈孔子改制考〉
　　　（1897），都是成於光緒三十一年之前，此後，除了駁應諸文，經學的沒落是
　　　肯定了。只是到了五四新文化運動時，由於傳統文化的受到全面反省，屬於
　　　傳統文化一部分的經學，遭受的批評更多，消匿得也就更快了。

懼焉。」（〈孔子世家〉）的教化用意。而太史公「載籍極博，考信六藝，壹宗經紀，宜若強嚴。」更是混同經訓與史籍爲一。至唐代劉知幾寫《史通》，雖然別立《惑經》一門，但其評論的標準仍是「服孔門之教義」，宗經尊儒之情溢於言表。卓然秀立如此二家，都無法完全超脫於經學意識之外，其他學者受經學的影響之大，則可推知一二了。

經在傳統古史研究中的地位，徐旭生《中國古史的傳說時代》中說得好：

> 無論如何，他們懷疑和批評的對象全是部分的，他們所作的是修正或補正的工作，經的最高權威在基本上並沒有動搖，傳說時代所流傳下來的一部分古史資料，在經典的蔭庇下，在前二千年間的人的心目中，是比將來正史中所載史實更可靠的。（頁22）

具有「非經不信」傾向的學者，亦頗有之。南宋胡宏的《皇王大紀》、金履祥的《資治通鑑前編》都是其中代表。胡宏《皇王大紀·序》謂：

> 諸史祖《春秋》載記，所謂史也，猶身之肢體有脈絡也。《易》《詩》《書》《春秋》，所謂經也。經之有史，猶身之脈絡附肢體也。〔註18〕

金履祥《資治通鑑前編·許謙序》也說：

> 先生（金履祥）嘗謂司馬文正公作《資治通鑑》，秘書丞劉恕作《外紀》以記前事。顧其志不本於經，而信百家之說，是非既謬於聖人，此不足以傳信。〔註19〕

這些學者欲以引經據典的嚴謹，矯正採摭眾說者的好奇，但有時也不免矯往過正地犯了迷經信典的毛病。

例如：錢大昕說「經與史豈有二學哉？」〔註20〕章學誠標舉「六經皆史」〔註21〕，都是屬於先知先覺者的開創意見，都代表著學術思想的新里程，然而聲勢一直很小〔註22〕，無法撼搖經學長久以來龐大而穩固的力量。

一般所謂的「經」，主要指的是十三經，它們大部分是周秦以前的作品，

〔註18〕 胡宏《皇王大紀》見《四庫全書》冊三一三，〈序〉見頁6。
〔註19〕 金履祥《資治通鑑前編》見《四庫全書》冊三三二，〈許謙序〉見頁4。
〔註20〕 見清代趙翼《二十二史劄記·錢大昕序》，杜維運考證，台北：華世出版社，民國66年新一版。
〔註21〕 見章學誠《文史通義·內篇一·易教上》。
〔註22〕 例如章學誠《文史通義》一書，一直要到章氏歿後百餘年，才由民國初期胡適等人的提倡，而受到人們的重視。

經之所以爲經，有其當時代的需要和考量。孔子刪詩千篇而成三百，刪書三千而成百篇，都著眼於教化明義，然而直如章學誠在《文史通義》中所言：

> 古之所謂經，乃三代盛時典章法度見於政教行事之實，而非聖人有意作爲文字以傳後世也。（〈經解上〉）

所謂群經，絕對是用以研究商周史的好材料。可是自漢以來，幾部古書被冠上了尊號，而後讖緯盛行，爲之抹上了神祕的色彩，加上今古文之爭，使得原本單純的史料，從此被帶上了叉路，而難以回頭。被認爲是「恆久之至道，不刊之鴻教」〔註23〕的經典，幾乎成了中國讀書人立論處世的唯一標準。經學重視微言大義，重視道德教化，認爲「內聖外王」是一切學術文化的終極目標。此一信念，深深影響了千百年來的士大夫們，即連史學家述史考史，也是要繼承孔子「述《春秋》，使亂臣賊子懼」的褒貶用心，欲使其著述成爲筆削大典，而不能就史論史地只求眞相，不言目的。身爲群經主角的上古史料，就在經學理想影響史家觀點作用下，遲遲未能受到正確的認識。

　　經史關係的混淆，造成史料價值的錯估，尊古之心有時掩蓋了追究古史眞相的要求，使得本已有限的商周史材料更加受到約制，未能進一步充分發揮史學作用，也妨礙了商周史的研究。其中以中國早期經典中的雜僞現象最爲嚴重，自漢代開始就不斷地有人提出懷疑，王充《論衡》中的〈儒增〉、〈書虛〉，劉知幾《史通》的〈疑古〉、〈惑經〉諸篇，都是鮮明的代表。而自宋代以下，疑古之風更盛，經典的辨僞也更熾烈。對商周史的研究而言，長久累積的尊經信典與逐漸形成的疑古思想，兩者的矛盾結合，使學者產生了由經典材料的考辨中去追求古歷史眞相的企圖。從太史公的「略以拾遺補藝，成一家之言；厥協六經異傳，整齊百家之語。」（〈太史公自序〉）開始，古史追索與經典考辨，往往是同步而行。只是有些如金履祥等古史學家，是採取了必欲本於經而後可信的態度。以文獻考辨進行古史考信工作的最大代表，則自當推許清代崔述的《考信錄》了。

（四）以崔述《考信錄》爲例

　　《考信錄》是站在疑古的立場上來進行古史的考信工作。崔述的突出，就在於他是對古史作了全盤去僞存眞的考證工作的第一人。這種「正僞書之

〔註23〕見《文心雕龍・宗經第三》：「經也者，恆久之至道，不刊之鴻教也。」清・黃叔琳校注本，台北：學海出版社，民國69年三版，頁21。

附會，闢眾說之謬誣」的氣魄，使胡適雖然說了「《考信錄》甚多使人失望處」，但仍不免贊嘆「古今來沒有第二個人能比他的大膽和棘手了。」（《古史辨》，頁22）

崔述考辨了上古虞、夏、商、周的歷史，以及孔子和孟子的思想和事跡，謹守著經書以外隻字不信，而《論語》、《左傳》尚擇而後從的嚴格取材標準。雖然有著明顯的衛經意圖，但他對六經傳注，諸子百家，雜說野史，都採取了分析的態度。在「類而輯之，比而察之」之後，能夠發現後世說經者的謬誤，爲自古以來錯謬層出的古史，作了撥雲見日的大半工作。

論崔述之弊，仍在其「太信經」，他說：「司馬氏載籍極博猶考信於六藝，是余之志也夫」〔註24〕。誠如梁啓超在其《中國近三百年學術史》中所說：

> 崔東壁所用方法，自優勝於馬宛斯，雖然，猶有進，蓋「考信六藝」，固視輕信「不雅馴之百家」爲較有根據。然六藝亦強半春秋前後作品，爲仲尼之徒所誦法。仲尼固自信「夏殷無徵」，則自周以前之史蹟，依然在茫昧中，六藝果能予吾儕以確實保障否耶？（頁306）

六藝雖很可能是古時的文字紀實，但未必全是。崔述或許未能充分理解到這一點，因而只能做到儒家的辨古史，而不是史家的辨古史。但他著實也受到了時代思想的侷限，在經典崇拜的傳統社會中，他疑古考史的思想和作爲，其實已經是相當的超越了。

二、實　物

遠古時代尚未發明紙張，將文字書於器物上，是必然的事實。《墨子·兼愛下》有言：

> 書于竹帛，鏤于金石，琢于盤盂，傳遺後世子孫者知之。

就說明了竹、帛、金、石是一般性的書寫對象。這些材料經久地被保存下來，也就成爲後人研究商周文化歷史的第一手資料。

實物之史料價值，是到近代才被重視擴大的。在古代中國裡，考古上的實物史料，缺乏有計畫、有系統的開發，是一件可遇而不可求的事，即使偶爾有器物出現，也常因缺乏正確的認識與保護，而無法妥善利用，徒然造成

〔註24〕見崔述〈補上古考信錄·序〉，台北：世界書局，民國57年再版。

研究者的遺憾和困擾。

金石諸器的出現，自古不絕。但自《史記·秦始皇本紀》載泰山刻石頌德，漢宣帝（西元前 73～49 年）美陽得鼎以來，以迄宋世金石學大盛之前，青銅石器的獲得，往往被視爲祥瑞的徵兆〔註 25〕。而宋世以後，金石出土日多，祥瑞的表象漸去，金石獨立成一門學問，漸次地而發展出著錄、摹寫、考釋、評述四大端〔註 26〕。至清代，古器更大量出土，蔚爲復興。

金石之足以補訂史傳，學者們早已知曉，趙明誠《金石錄·序》即有言：

> 歲月、地理、世次、官爵，以金石刻考之，其抵牾十常三四。……
> 刻辭當時所立，可信不疑。〔註 27〕

又例如魏孟康註《漢書·律曆志》，取白玉琯爲憑，認爲古以玉爲管，不獨用竹，以證漢志之說不盡然的事例〔註 28〕。但如此者，也都是偶爾爲之，僅作參考，並未能蔚爲治史風氣而普遍使用。以至清代樸學大興之際，學者們考證商周史籍時，仍多以文籍考辨文籍。雖然清代金石學家葉昌熾的《語石》一書中提到：

> 史或不言，則（金石）更可以之補闕。〔註 29〕

已頗爲引起學者在歷史研究中，開始重視實物資料。而閻若璩《潛丘札記》卷三也有引古物證史的例子，乾嘉錢大昕、桂馥等人的金石題跋諸作也已經利用古物以證經史，可惜規模都不大，無法對商周史作出系統的發掘。因而清代雖然樸學鼎盛，金石學也很發達，卻不能聯合兩者來建立商周信史的新創發。

〔註 25〕 例如：《漢書·郊祀志》載：「時美陽得鼎獻之，下有司議，多以爲宜薦見宗廟。」

〔註 26〕 朱劍新《金石學》：「一至北宋，金石之出土愈多，於是士大夫如劉敞、歐陽修之輩，篳路藍縷，倡爲斯學，阮元所謂『閱三四千年而道大顯矣。』至其研究方法，大約不出著錄、摹寫、考釋、評述四端。」台北：商務印書館，民國 58 年台三版，頁 20。

〔註 27〕 見《石刻史料新編十二·金石錄·序》，台北：新文豐出版公司，民國 66 年初版，頁 8799。

〔註 28〕 《漢書·律曆志上》：「八音者，土曰塤，匏曰笙，竹曰管……」孟康註云：「《尚書大傳》，西王母來獻白玉琯，漢景帝時零陵文學奚景于冷道舜祠下得白玉琯。古以玉作，不但竹也。」唐·顏師古注本，台北：史學出版社，民國 63 年影印一版，頁 957。

〔註 29〕 見《語石·卷六·碑版有資考訂》，台北：商務印書館，民國 65 年台二版，頁 203。

再如竹木簡，雖然《漢書・藝文志》中記載，於武帝末年已發現中國歷史上最早的一批簡牘，並且也受到整理與重視，可惜才到東漢，如《古文尚書》之類就已遺失。而今日所見，則已真偽相摻，減少了它的史料可靠性。晉武帝太康二年（281），又有竹簡大出土，雖然也經過荀勗、束晳等人的注釋整理，可惜後人不寶，唐代以後即大多散佚了〔註30〕。如此珍貴的古代史材料，就在人們不知利用與愛惜的情況下，逐漸消息失落，待研究者欲使用時，就只好再辛苦地輯佚辨偽，猶不能確定其信度，其對商周史研究的頓挫，甚是明白。清代林春溥〈古史紀年・自序〉中即言：

> 欲考古編年之史，舍《竹書紀年》奚從焉？……後之議者毛舉一二，遂並其全書而疑之，余不可以不辨。……後人為之方將依經襲古擬之惟恐不肖。〔註31〕

實物史料價值的輕忽，以及對經典文字的過於依賴，使得實物證史的功能，一直未能得到有效發揮。

每一次考古資料的出現，都可視為對商周史研究的新契機。然而歷代雖多次有新材料的出現，頗可以考究商周時代的真相，但卻都由於對器物價值的認識不清，不能好好保存、掌握加以利用，而未能推進商周史的研究成果，徒然造成珍貴史料的浪費與散失。

第二節　研究成果略說

中國歷代對商周史的研究成果主要在於材料的整理。這些著作通常是諸文獻載籍的重新彙整，在文獻保存的工作上，以及商周史的系統介紹上，是有所貢獻的。關於此，我們在上一小節中有較詳細的說明。

鳥瞰中國歷來的商周材料整理研究的成果，有幾點可以提出說明：

（一）在眾多典籍中，西漢司馬遷的《史記》，可說是我國商周史研究的最重要作品，他為殷周世系與歷史，提供了系統的整理成果。為商周史料殘亂難尋的後人，保留了可貴的研究資料。

接在《史記》之後，意圖修書以補訂其不足的著作不少。這不僅由於《史

〔註30〕詳參林劍鳴編譯《簡牘概述》，台北：谷風出版社，民國76年，頁8～10。
〔註31〕林春溥《古史紀年》，台北：藝文印書館，《叢書集成》續編六十九《竹柏山房家刻》。又林氏另一書〈古史考年異同表・自序〉意同，亦見《竹柏山房家刻》。

記》的廣泛流傳與崇高的史學地位，使得人們長久以來能夠不忘懷於商周史
的推究；也由於他清晰謹嚴的陳述，表達了相當程度的權威性，提供了史家
一個樂於增修的對象。

西晉皇甫謐的《帝王世紀》以補《史記》之缺爲職志；北宋蘇轍的《古
史》一書，更是以《史記》爲底本，加以糾正補綴而成；直至清代的李鍇，
雖然認爲司馬遷《史記》是繼孔子《春秋》之後最有價值的史書，然而仍以
其於春秋之前事的記載過於簡略，後繼之作又未盡善的理由，著手寫作《尙
史》一書，意圖爲之添補修潤〔註32〕；崔述則是取司馬遷寫作上古歷史時「考
信六藝」的精神，對商周史作系統考訂；其後林春溥的《古史紀年》、《古史
考年異同表》，也是取《竹書紀年》的編年，爲紀傳體的《史記》作大幅的增
補。可見得，《史記》的地位，是在於對商周歷史提供了一個可爲倚靠的架構，
使後世學者能夠以他的成果爲基礎，作進一步的修裁增飾。《史記》在中國傳
統的商周史研究當中，實在具有提領引導的師範作用。

（二）宋代是商周史研究的另一個起點，除了當朝文風鼎盛、書業發達、
史學蓬勃這些外在因素之外，《資治通鑑》斷自周威烈王二十三年，而使商周
史付之闕如的遺憾，可說是對當時史學界內在的一個直接刺激，歷史的通貫
完滿，在史學家甚至一般士子的心中，形成一股自然的內在要求。

《資治通鑑》主編司馬光的作《稽古錄》二十卷，與副編劉恕的作《資
治通鑑外紀》十卷，就正是此一內在要求的典型代表。《稽古錄》蓋合歷年圖
與百官表而成，司馬光進表有言：

> 由三晉開國，迄於顯德之末造，臣既具之於歷年圖；自六合爲宋，
> 接乎熙寧之始元，臣又著之於百官表。乃若威烈丁丑而上，伏羲書
> 契以來，對越神人，可用龜鏡，悉從論纂，皆有憑依。總而成書，

〔註32〕《帝王世紀・錢熙祚序》謂：「秦以前事惟有太史公書，又疏略已甚。皇甫謐
博採經傳雜書，以補史遷之缺。」
蘇轍〈古史・自序〉謂：「太史公始易編年之法爲本紀世家列傳，記五帝三王
以來，後世莫能易之。然其爲人淺近而不學，疏略而輕信。……故因遷之
舊，上觀《詩》《書》，下考春秋及秦漢牒錄。」《四庫全書》冊三七一，頁
207。
《四庫全書・尙史提要》謂：「考古來漁獵百家，勒爲一史，實始於司馬遷。
今觀《史記》諸篇其出遷自撰者，率經緯分明，疎密得當，操縱變化。唯事
跡異同，時相牴牾，亦往往點竄補綴，不能隱斧鑿之痕，知融鑄眾說之難
也。此書一用舊文剪裁排比。」《四庫全書》冊四○四，頁2。

名爲《稽古錄》二十卷。〔註33〕

歷年圖自周威烈王丁丑年（即周威烈王二十二年，西元前 404 年）上推至伏羲之世，且自周共和庚申（即共和元年，西元前 841 年）始爲之編年。這個年代緊緊接繫著《資治通鑑》，以其起點爲終點。司馬光的《稽古錄》與《資治通鑑》之結合，構成了自司馬遷《史記》以來的另一部通史。司馬光心血薈萃的《資治通鑑》及其以殘年奮力完成的《稽古錄》〔註34〕，具體訴說了一位偉大史學家胸中貫串古今的心志。

　　劉恕著《通鑑外紀》，其心思亦類同於司馬光。他在自序中說：

　　　　嘗思司馬遷《史記》始於黃帝，而包羲、神農闕而不錄。公爲歷代書，而不及周威烈王之前。學者考古，當閱小說，取舍乘異，莫知適從。

《資治通鑑》缺略，是他寫作的主要動機。《資治通鑑》始於威烈，義雖有取，但事實有闕。《資治通鑑外紀》十卷分寫包羲以來紀、夏商紀、周紀，上起遠古包羲，下迄周威烈王二十二年，正是針對著《資治通鑑》斷於周威烈二十三年所作的彌補。

　　後來南宋胡宏的《皇王大紀》更再向前推延，托始於盤古，下迄於周末；金履祥的《資治通鑑前編》斷自唐堯，接於《資治通鑑》之前；清代李學孔的《皇天史訂》以訂正劉恕之作而成其書。凡此歷代之作，都深刻說明了《資治通鑑》斷缺上古歷史對後世史家的心理影響之大，而這樣的影響卻恰好促成了後來一波波的上古與商周史研究。

　　《資治通鑑》取材之廣，用力之精，都繼《史記》之後，重新建立了一個新典範〔註35〕。這樣的一次官方作爲，無異爲衰微已久的中國史學帶來了

〔註33〕司馬光《稽古錄》見《四庫全書》冊三一二，〈進稽古錄表〉見頁 396。劉恕《資治通鑑外紀》見《四庫全書》冊三一二。

〔註34〕《資治通鑑》編著於宋英宗治平三年（1066）至宋神宗元豐七年（1084），歷時十九年。《稽古錄》奏進於宋哲宗元祐元年司馬光再相之時，此亦爲其卒年。

〔註35〕余英時於其《中國近代思想史上的胡適》中提出：「從思想史的觀點看，胡適的貢獻在於建立了孔恩（Thomas S. Kuhn）所說的新『典範』（paradigm）。而且這個『典範』約略具有孔恩所說廣狹兩義：廣義地說，它涉及了全套的信仰、價值、和技術（entire lonstelation of beliefs, values, and techniques）的改變；狹義方面他的具體研究成果（如《中國哲學史大綱》）則起了『示範』（shared examples）的作用，即一方面開啓了新的治學門徑，而另一方面又留下了許多待解決的新問題。」台北：聯經出版公司，民國 75 年初版第三次印

新的鼓舞。而其美中不足之處，則恰好留給了學者奮力追進的空間。

（三）博採群籍是所有纂修商周史的作者們的共同特點，以至於有些乃兼採讖緯百家雜錄諸書，使得材料失之龐蕪。固然著述自當博觀，但若不審慎選擇可信賴的材料，則篇幅儘管龐大，其內容可靠性也要因之減損了。南宋羅泌的《路史》，清代馬驌的《繹史》、李鍇的《尚史》尤可爲表徵。他們的廣徵博引爲人所稱，然而其駁雜不純，也同樣爲人所指。諸子百家、經緯叢書、小說類書等各種書典的輯匯，是這類作品之優點與缺點的共同來源。

在造成此一取材泛濫現象的同時，也反映出了歷來研究商周史的材料實在太有限，士人對於那些才是商周史的可靠材料這一問題，也始終沒有辦法得到解決，從而演成「信僞兼收」的情況。此一弊端，從前有些學者已看出，因而有僅以某些經籍爲準據以推演者。南宋金履祥的《資治通鑑前編》是因爲不滿於劉恕《通鑑外紀》信百家之說而未本於經傳才修撰的，因爲他「一以《尚書》爲主，下及《詩》、《禮》、《春秋》，旁採舊史諸子」（〈序〉），認爲只有如此才足傳信；元代察罕的《帝王紀年纂要》，也是認爲其以往諸家所編帝王紀年，多舛訛相襲，不能得其信一，於是以邵雍《皇極經世》爲準，取諸家載記集正之；至清代崔述《考信錄》則一以儒家經典爲主，其傳注與經世合者著之，不合者則辨之，而異端小說不經之言，則進行僻謬刪削。

他們的態度或許是較爲謹慎的，但有時也容易失之於拘泥而偏執錯誤。即如《資治通鑑前編》與《帝王紀年纂要》及宋世以後有些古史學家所依據的邵雍《皇極經世書》，其本身就已不盡可靠，因爲它是一部奇玄求合的術數家之曆，而非矜愼求眞的史家之曆〔註36〕。金履祥與察罕等人以這基礎不堅的書作依據所寫成的結果，也自然不免要令人有所詬病了。

總合言之，中國歷來對商周史的研究是持續不斷的，作品雖不甚豐富，亦頗有可觀。惟受制於材料，未能於抄輯釐辨的整理外有更大的發展。而必

行，頁 19。
　　《史記》與《資治通鑑》都同樣地對傳統中國史學界，在內容、體例、方法……等方面產生過類似余英時所言的「典範」作用。

〔註36〕林春溥〈古史紀年・序〉說：「自宋以來，編古史者率以《皇極經世》爲主。顧《經世》始堯甲辰，雖本《世紀》而其餘年數又不盡同，未知何據？」《四庫全書・皇極經世書提要》冊八○三，頁 291 謂：「《皇極經世》蓋出於物理之學，所謂易外別傳者是也。……與亡治亂之蹟，皆以卦象推之。朱子謂《皇極》是推步之書，可謂得其要領。」

須要等到近代實物材料大量見世，書籍資料釐辨清楚之後，在諸如王國維等學者的孜孜研究之下，商周史的眞實面貌才得以逐步呈現。

第三章　王國維研究商周史之憑藉

　　王國維學識通博，一生治學途徑經歷過幾次轉變，從早期的哲學、文學，轉而治宋元戲曲，後一變專治商周史，再變而治西北地理。在每一次的轉變中，他都有優秀的成績表現，然就其投注心力之巨與成就之高者而言，則不得不推史學，而史學之中又以商周史研究爲最。

　　研究商周史並非易事，即就材料一項而論，在時間上已相距千百年後的今日，所遺存的材料已經非常稀少，首先就構成了研究取材不足的困境。而即使在材料上有所掌握，理解辨識則又形成另一道難題。如果在這些基礎問題上不能有所疏通解決，更遑論進一步的分析研究了。我國歷來都有人在爲商周史作整理的工作，成果卻不得不讓之於王國維之後。他是憑藉著什麼樣的條件，而能取得如此巨大的成就呢？王國維的弟子吳其昌在其〈王觀堂先生學述〉一文中，曾對此問題提出他的看法，他說：

> 治上古史者必須有下列條件：一曰淵博之根據，二曰宏富之經歷，
> 三曰辨僞之能力，四曰考證之功力，五曰科學之通識。此五種者幾
> 於缺一不可，而先生實能兼之。〔註1〕

吳其昌的分析精當，不愧爲王國維的親炙弟子。蓋缺此五者中之任何一項，則難竟古史研治之功。王國維能每項條件都在行，其有所成，即可理解。惟吳氏所分析者，乃純就個人學術涵養的內在層面論析，且言之甚簡。王國維研治商周史成功的憑藉，實在是內外在客觀因素的交互烘托。內在因素恰如吳其昌所分析，是王國維學術修持的完備，外在因素則主要是古器物大量見

〔註1〕吳其昌〈王觀堂先生學述〉原載《國學論叢》一卷三號「王靜安先生紀念號」，頁181～198。又收錄於《王國維先生全集》（以下簡稱《全集》）附錄，台北：台灣大通書局，民國65年，頁5523～5540。

世、與羅振玉的交遊、及新學潮流三大方面所形成的客觀環境，有力提供了王國維商周史研究的天時地利人和，王國維對內外在因素皆能充分掌握與運用，以成為其研治商周史的諸端憑藉，而終能成其商周史研究的學術大業。

第一節　外在因素

一、古器物的大量見世

1925 年王國維發表了〈最近二三十年中中國新發見之學問〉一文，文中記述了當時古器物新發現的情形：

> 自漢以來，中國學問上之最大發現有三：一為孔子壁中書，二為汲冢書，三則今之殷虛甲骨文字、敦煌塞上及西域各處之漢晉木簡、敦煌千佛洞之六朝及唐人寫本書卷、內閣大庫之元明以來書籍檔冊，此四者之一，已足當孔壁汲冢所出，而各地零星發見之金石書籍，於學術大有關係者，尚不與焉。故今日之時代，可謂之發見時代，自來未有能比者也。……此外，近三十年中，中國古金石古器物之發見，殆無歲無之。

試先將這些古器物的發現背景排比成一簡表，以方便觀覽：

清末民初中國新發現古器物一覽表

古器物名	發現年代	發現者	發現地點	王國維年齡	備註
1.中國境內之古外族遺文	光緒十五年（1889）	俄·拉特祿夫	蒙古和林故城	12 歲	
2.殷契甲骨文字	光緒二十四年（1898）	王懿榮	河南安陽小屯村	21 歲	
3.敦煌塞上及西域各地之簡牘	光緒二十六至二十七年（1900~1901）	匈牙利·斯坦因（M. Aurel Stein）	新疆和闐尼雅河下游	23~24 歲	簡牘之出土，漢時已見，惟歷代未有如此次之豐富。
4.敦煌千佛洞之六朝唐人所書卷軸	光緒三十三至三十四年（1907~1908）	匈牙利·斯坦因法·伯希和（Paul Pelliot）	甘肅敦煌鳴沙山千佛洞	30~31 歲	光緒二十年(1884)，道觀壁壞，窟室藏書既現，即開始零星外流。惟至斯、伯二氏之盜運，才引起舉世注目。
5.內閣大庫之書籍檔案	民國十年（1921）	羅振玉	北平內閣大庫	44 歲	宣統元年(1909)，大庫屋壞，書籍檔案即已分區外置。

6.各地金石					自古已有所發現，宋代一度發達，後中衰，至清代復盛。
註：參考資料：王國維，〈最近二三十年中中國新發見之學問〉。 　　　　　金靜庵，《中國史學史・附錄》，台北：鼎文書局，民國75年六版。					

此五者中有一項現世，即可爲驚天至寶，況五者之同時並出，怎不令人爲之雀躍欣喜呢！若再加上王國維言及而未獨立列論之的金石書籍，則當時便有六大項的學術原材，一起躍上史學舞台大放光彩，這在中國數千年的歷史上，是千載難逢的盛況，直如王國維所言，是「可謂之發見時代」！

張致遠先生說：「沒有好奇的心理，不易成爲史家。」〔註2〕新史料的紛紛出土，顯然在某種程度上刺激了王國維治商周史的好奇心理。在1902年羅振玉幫助劉鶚校印《鐵雲藏龜》之時，身爲羅氏密友的王國維可能已得見甲骨文字〔註3〕，但當時傾心西洋哲學的他並未致力於甲骨研究。直到疲於文哲，東渡日本之後，他才因與羅振玉的共事，而注意到甲骨材料所帶來的商周史問題，並從而投注心力於此番新學問的建立。好奇的心理與新史料的發現，兩者結合，構成了王國維所謂「新學問起，大都由於新發現」的基本成因。

一項可觀的發現，便意味著一門學問的即將興起。沒有史料就沒有史學，多樣的新史料，正代表著歷史事實的急待揭曉，以及史學新發展的諸多可能性。這六項材料的發現裏，除了早已蔚然成學的金石一項外，其他完全是時新的。而王國維自己除了內閣檔案與古外族遺文兩項未嘗專力研習外，其他四項，他都曾以全副的精神和力量去經營開拓，爲後人作了披荊斬棘的開路工作，時至今日，每一類器物引發的探究，都應驗了王國維所說「紙上之學問賴於地下之學問」（〈最近二三十年中中國新發見之學問〉）的話，早已成爲史學中的獨立學問。

〔註2〕　見張致遠〈史家的靈感〉，原載於《自由中國》第十五卷第十一期，民國45年6月。又收入杜維運、黃俊傑《史學方法論文選集》，台北：華世出版社，民國69年增訂一版，頁174。

〔註3〕　據趙萬里《民國王靜安先生國維年譜》（以下簡稱《趙譜》）二十六歲條記載：「是歲（光緒二十八年，1902年）丹徒劉鐵雲（鶚）選印其所藏殷虛甲骨文字千餘片行世。助之校印者，爲羅先生。而先生之得見甲骨文字當自此始。」原名〈王靜安先生年譜〉，載《國學論叢》一卷三號，頁81～34。又另出單行本《民國王靜安先生國維年譜》，台北：商務印書館，民國67年初版。

多種類的見世器物中，有的是從前未曾有過的豐富，例如簡牘與金石；有的是一直祕而未宣的，例如內閣檔案與外族遺文；有的則是千百年來的首見，例如殷虛甲骨與敦煌卷軸。它們的出現，是這一代人的幸運，尤其是殷虛甲骨的出土，更是直接證明殷商王朝存在的關鍵證據。如果甲骨不出土，殷商王朝的存在事實可能被抹殺掉；又如果甲骨不出土，王國維就可能無法作出超越前人的商史文化考證了。古器物是王國維商周史研究的最基本依據，沒有它，一切無由成立。

古器物大量見世的時期，正當王國維少壯之時（請參前表）。自幼即已喜愛讀史的他，在二、三十歲時，已頗有心意轉治史學。他素來重視史料之於史學的重要性，又恰好恭逢古器物大量發現的盛況，使他如魚得水般地讓自己走上考史之路，並全力投入，開拓了商周史的研究天地。「物既需人而明，人亦需物而彰」〔註4〕，正好爲王國維與新史料之間的關係，作了最好的說明。

二、與羅振玉的交遊

影響王國維一生最深最久最大的人，非羅振玉莫屬。羅振玉（1866～1940）是王國維的老師和朋友，也是他的上司和親戚。王國維由文哲之學轉治商周史之後，羅振玉與他的關係更形密切，主要原因是，羅振玉愛好文物並多方搜集，而且他也是一位頗有根柢的用功學者〔註5〕。他之於王國維，在

〔註4〕 見徐中舒〈王靜安先生傳〉，《東方雜誌》第二十四卷第十三號，頁50。

〔註5〕 清光緒二十四年（1898）羅振玉初識王國維，此時年方三十三歲的羅振玉，早已著作琳琅（請見附表：羅振玉相識王國維之前學術作品一覽表）；年已二十二歲的王國維，卻尚未真正開啓學術門徑。這些作品顯示出羅振玉自少年以來的用功與根柢，並且反映了他廣泛的治學興趣，與嚴謹的考據精神。而他在往後一生中亦不斷努力於學問，因此他一直能夠是王國維成學過程中最佳的良師益友。

羅振玉相識王國維之前學術作品一覽表

歲數	紀 年	作 品
19歲	光緒十年 （1884）	淮陰金石僅存錄一卷　民國18年小方壺齋叢書第三集鉛字本 　　案：此書後改名楚州金石錄一卷，附楚州金石存目一卷， 　　石印小字本。 讀碑小箋一卷　是年唐風樓刊本 又貽安堂本 存拙齋札疏一卷　光緒十一年刊本

學術方面，是圖書文物的主要供閱者，也是切磋學業的研究夥伴〔註6〕。羅振玉傲人的豐富收藏〔註7〕，是王國維研治商周史的強力憑藉，若非如此，王國

20歲	光緒十一年 （1885）	金石錄萃編校字記一卷　是年刊本 于樂字書箋證一卷　民國30年貞松老人遺稿甲集
21歲	光緒十二年 （1886）	寰宇訪碑錄刊謬一卷　行素草堂叢書第二十四集 新校正毛詩草木鳥獸蟲魚疏二卷　國學萃編
22歲	光緒十三年 （1887）	俗說一卷　民國30年貞松老人遺稿甲集 又民國48年逾言等五種 安高士傳輯本一卷　民國4年雪堂叢刻
25歲	光緒十六年 （1890）	毛鄭詩斠議一卷　是年刊本 又國學萃編
26歲	光緒十七年 （1891）	淮陰金石僅存錄附錄一卷補遺一卷　小方壺齋叢書第三集 眼學偶得一卷　是年刊本 面城精舍雜文甲編一卷　是年刻陸庵所著書 　又與讀碑小箋合訂本 　又與乙編合訂本 五史斠義五卷　光緒二十九年刊本
27歲	光緒十八年 （1892）	三國志證聞校記三卷　雪堂叢刻 元和姓纂校勘記二卷佚文一卷　雪堂叢刻 唐書世系表考證二卷 唐書藝文志斠義二卷
28歲	光緒十九年 （1893）	補寰宇訪碑錄刊謬一卷　行素草堂金石叢書第三十六冊 再續寰宇訪碑錄二卷　面城精舍校印本
30歲	光緒二十一年 （1895）	面城精舍雜文乙編一卷　是年刻陸庵所著書 又與甲編合訂本
32歲	光緒二十三年 （1897）	黔蜀種鴉片法一卷　是年刻本
33歲	光緒二十四年 （1898）	（王國維受業於羅振玉初創之東文學社，二人初識。）

註：依據莫榮宗〈羅雪堂先生著述年表〉。《羅雪堂先生全集》續編第二十冊附錄一。

〔註6〕 羅振玉與王國維多方面的關係，葉嘉瑩《王國維及其文學批評》之第一編第二章有詳細分析，可參看。台北：源流出版社，民國71年再版，頁63～70。

〔註7〕 1914年7月17日王國維致繆荃孫書信謂：「近時收藏金文拓本之富，無過於盛伯義之《鬱華閣金文》，而蘊公（即羅振玉）二十年所搜羅固已過之。前年盛氏拓本亦歸其所有，故其全數除復出外尚有千數百器。雖世間古物不止於此，然大略可得十之六七」，《王國維全集——書信》（以下簡稱《書信》），頁40。

維的商周史研究勢必將有許多滯礙不便，其成績或許也將大打折扣。

羅振玉本來就是一位骨董愛好者，他手中經常擁有大量的古籍、字畫、金石古器等文物。1911～1916 年間，王國維隨羅振玉寄寓日本京都，在此期間，他將研究領域轉向經史，他之所以轉治經史，因素是多方面的，而當時與羅振玉共同居住的讀書環境，應無可疑的，是從旁鼓勵的一大助力。

羅振玉在日本的書房名之曰「大雲書庫」〔註8〕，庫內分類置滿了各種的古籍、碑帖、甲骨、鐘鼎、封泥……等古書文物，無異於為王國維提供了一所私人的圖書館兼博物館。羅振玉曾自言道：

> 予復盡出大雲書庫藏書五十萬卷，古器物銘識拓本數千通，古彝器及他古器物千餘品，恣公搜討。（《雪堂全集・丁戊稿・海寧王忠愨公傳》）

王國維亦自述曰：

> 國維東渡後，從參事治古文字之學，因得盡覽所藏拓本。（〈國朝金文著錄表・序〉）

在書籍文物的提供上，羅振玉確實居功至偉。此外，在與中外學者晤談論學的機會創造上，羅振玉亦功不可沒，羅振玉說：

> 復與海內外學者移書論學，國內則沈乙盦尚書，柯蓼園學士，歐洲則沙畹及伯希和博士，海東則內藤湖南、狩野子溫、藤田劍峰諸博士，及東西兩京大學諸教授。〈海寧王忠愨公傳〉

由此可見，王國維商周史研究的啟迪培養之功，自當歸之於羅振玉。

羅振玉對金石文字的研治，很早就已開始。當其年方十九之時，就已經能根據史傳，考證碑版，撰成《讀碑小箋》一書。因此他能以其學養與熱情，促成第一本甲骨著錄專書——《鐵雲藏龜》於 1902 年問世。王國維從遊羅氏至此已五年〔註9〕，而甲骨在當時是最新出的材料，世間得見者無幾人，王國維能有機會早早識得，不可不說是因為與羅振玉密切交遊的關係。也由此能在平日吸收羅氏研治甲骨所得的知識，並在日後與之共同整理甲骨，甚而能獨力完成《戩壽堂所藏殷虛文字》及《考釋》。

〔註8〕 見羅振玉《羅雪堂先生全集》（以下簡稱《雪堂全集》）續編第二冊〈集蓼編〉：1913 年元月羅振玉於日本淨土寺町所建新屋書房落成之日，恰好從行篋找出北魏初年《大雲無想經》寫本，於是命名為「大雲書庫」。台北：文華出版公司，民國 57 年，頁 756。

〔註9〕 自 1898 年王國維受業於東文學社識得羅振玉，至 1902 年，恰得五年。

　　再就鼎彝款識而言，雖然清代金石學在乾隆年間的《西清古鑑》、《西清續鑑》、《寧壽鑑古》三書完成之後大為昌盛，吉金著錄也漸臻賅備，然新器日出不斷，卻缺乏統全規理。而羅振玉則頗能用其心力，將這些零星的出土器物收錄成冊，大大方便了後人的吉金考證。王國維日後所董理的〈宋代金文著錄表〉與〈國朝金文著錄表〉這兩本集大成之作，便是借助於羅振玉豐富的收藏與踏實的基礎編整工作。

　　在近代史學的發展史上，羅振玉於材料收集與刊布方面，佔有絕對重要的地位〔註10〕，然而他自己雖亦對新材料頗作研究，卻沒能得出更驚人的學術成績。而王國維則在羅振玉的收集工作上，充分利用，作進一步的深層研究，得出一鳴驚人的重要結論。羅振玉與王國維的交遊，彷彿是早經排定的合作關係似的，羅振玉勤快地將各地的新出材料收集來，堆積在身邊，供王國維伸手拈來研讀；而王國維則好似上天謫派到人間專事研究的學者，不須為材料的獲得奔波，只管一心做學問而已。

三、新學潮流

　　1840 年鴉片戰爭的爆發，揭開中國近代史的序幕。西方新學的吸收，在此後成了富國圖強的良方，新學的潮流瀰漫全國上下。

　　王國維生長在學風素來鼎盛的海寧〔註11〕，少年時也曾「治舉子業」，然而「入闈，不終場而歸，以是知君之無意科名也」〔註12〕，雖然王國維無意科舉，但也一直到十八歲那年，由於甲午戰爭（1894）的慘敗震撼，才「始

〔註10〕據莫榮宗〈羅雪堂先生著述年表〉統計：羅振玉「生平著述凡二百二十餘種，校刊古籍約五百種；其著述之富，刊書之博，求之古今，殆罕其匹。」

〔註11〕海寧地居浙東，自宋元來即是學術鼎盛，人文薈萃之處。王國維所在之清代海寧，也仍然如此。海寧陳家——陳元龍、陳邦彥、陳世倌一家族的屢點翰林，歷朝入閣，正是其中的典型。梁啟超〈近代學風之地理的分布〉就曾歷數浙東地區在有清三百年間輩出的優秀學者，他說：「杭屬諸縣，自陳乾初而後，康熙間有海寧陳蓮宇（世倌）師事梨洲，亦頗提倡顏李學。道咸同則海寧張叔未（廷濟）、海寧蔣生沐（光煦）頗以校勘名。光緒間有海寧李壬叔（善蘭）精算學，譯西籍，除文定後一人也。最近則餘杭章太炎（炳麟）治聲音訓詁之學，精核突過前人，學佛典亦有所發明。而海寧王靜安（國維）亦善能以新法治舊學。」鄉先人對後輩的鼓舞策勵作用，在海寧一地呈現了很好的說明。《飲冰室文集·之四十一》冊十四，台北：台灣中華書局，民國 67 年台二版，頁 70。

〔註12〕見陳守謙〈祭王忠慤公文〉，原載民國 16 年〈王忠慤公哀挽錄〉，又收錄於《全集·附錄》，頁 5399～5401。

知世尙有所謂新學者」（〈三十自序一〉）；更到了二十二歲抵達上海，入東文學社習日文，二十三歲讀歐文〔註13〕，才眞正開始由語文的學習，著手了解新學。「因爲那時讀書應試是正路，所謂學洋務，社會上便以爲是一種走投無路的人，只得將靈魂賣給鬼子，要加倍的奚落而且排斥的。」〔註14〕所以，從海寧到上海的這段路，正明白顯現著王國維投奔新學，嚮往新未來的具體行動。

　　王國維對新學的吸收是熱烈的。早在甲午戰後，便因「家貧不能以貲供游學」而「居恆怏怏」（〈三十自序一〉）。至東文學社時，有機會師從日本文學士藤田豐八、田岡佐代治二人，王國維自是用功勤奮。他不僅習日文、英文，更爲了讀懂心愛的汗德（Kant，今譯康德）、叔本華（Schopenhauer），而刻苦學德文，不假他方，直接認識西學〔註15〕。他又不僅在國內參與東文學社所開設的英、數、理、化等所有課程的學習，更緊抓住出國留學的機會，在羅振玉資助下，於二十五歲，1901 年秋天，東渡日本，入東京物理學校習數學。王國維雖然是勤勉於功課而不問外事的純粹讀書人〔註16〕，但並不表示他就墨守傳統，不堪變革。他深深了解到「吾國現在人才未成，一切庶務皆須借才而理」（《書信》，頁 21），並且也明智果決地將個人投入新學的洪流中，同當時識得時勢的俊傑之士一般，積極地學習、思考。

　　王國維天資聰穎，但對於數理的學習，似乎力有未逮〔註17〕。然而在文、史、哲方面，卻深深地被西方文明的各種學說吸引。他以其流利順暢的外語能力，直接面對面體會西方思想，並且廣泛閱讀西方著作，來滿足自己對新學的渴切需求。

〔註13〕據〈三十自序一〉及《趙譜》二十三歲條。
〔註14〕見魯迅《吶喊‧自序》，台北：谷風出版社，民國76年，頁23。
〔註15〕梁啓超《清代學術概論》有言：「晚清西洋思想之運動，最大不幸一事爲，蓋西洋留學生殆全體未曾參加於此運動。運動之原動力及其中堅，乃在不通西洋語言文字之人。」台北：華正書局，民國73年初版，頁72。王國維則顯然不在此遺憾之內。
〔註16〕胡漢民在其《自傳》中曾以過來人身份，對當時留日學生作內容分類：「其實學生全體內容至爲複雜：有純爲利碌而來者，有懷抱非常之志願者，有勤勉於學功課不願一問外事者（此類以學社會科學者爲多），有好爲交遊議論而不悅學者（此類以學自然科學者爲多）……。」
王國維便是屬「勤勉於學功課不願一問外事者」之類。引文轉錄自蕭艾《王國維評傳》，台北：駱駝出版社，民國76年，頁25。
〔註17〕據《趙譜》二十六歲條記載：「先生在校頗以幾何學爲苦。」

多方面的學習中，王國維眞正用心用力的，是在西方哲學上，尤其是關於康德、叔本華的言論〔註18〕。王國維鑽研西方哲學數年，將之「推薦給國內知識界，成爲近代史上引進叔本華與尼采學說的第一人。」（蕭艾《王國維評傳》，頁 38）他並以這些哲學理論作依據，「取外來之觀念與固有之材料互相參證」（陳寅恪〈王靜安先生遺書序〉），論述文學與教育，而獲得成功，著名的〈紅樓夢評論〉與〈教育小言〉，都是個中佳作。

1906 年，王國維三十歲，一篇〈奏定經學科大學文學科大學章程書後〉，反映了他嚮往新學的熱情，與受自西學的初步影響。他說：

> 今日之時代已入研究自由之時代，而非教權專制之時代。苟儒家之說而有價值也，則因研究諸子之學而益明。其無價值也，雖罷黜百家，適足以滋世人之疑惑耳。……

> 異日，發明光大我國之學術者，必在兼通世界學術之人。……

> 今日所最亟者，在授世界最進步之學問之大略，使知研究之方法。

這樣句句鏗鏘的言論，與後來五四新運動的基本精神，幾乎如出一轍。這顯示著王國維過人的識見與無畏的勇氣〔註19〕，而如此的思想，正是來自於體驗新學之後所受到的影響。哲學研究的過程，訓練了他縝密的邏輯思辨能力，開闊了他的學術視野和心胸。更重要的，是提供了比較中西學術的機會，形成他尊重科學的治學態度，以及求眞求善求美的一貫精神， 1911 年他的〈國學叢刊序〉一文，便是他從哲學轉向文學，進而從事史學的思想體現。

梁啓超說：「先生頭腦乃純然爲現代的，對於現代文化原動力之科學精神，全部默契，無所抵抗。」〔註20〕顧頡剛也說：「靜安先生在二十餘年前治哲學、文學、心理學、法學等，他的研究學問的方法已經上了世界學術界的

〔註18〕〈（三十）自序一〉：「見田岡君文集中，有引汗德、叔本華之哲學者，心甚喜之。……（汗德哲學）從事第四次之研究。」

〈靜安文集・自序〉：「讀叔本華之書而大好之。自癸卯之夏以至甲辰之冬（按：1903～1904 年），皆與叔本華之書爲伴侶之時代也。」

可見王國維傾好康德、叔本華哲學之一般。

〔註19〕據蕭艾《王國維評傳》，頁42～43：「王國維表面上是對辦分科大學提意見，實際上是對儒家道統發動進攻，其中有許多近於『離經叛道』的話……無怪乎清末有人把《靜庵文集》列入禁書，羅振玉在編訂《海寧王忠愨公遺集》時，也摒棄不用。」

〔註20〕見《學衡》第六十四期，〈王靜安先生逝世周年紀念・梁啓超序〉。

公路。自從跟了羅氏到日本，始把這些東西一齊丟掉，專力於考古學及史學〔註 21〕。……他用的方法便是西洋人研究史學的方法。」〔註 22〕二氏所極言是，新學對於王國維治史的方法、態度、思想，都存在著直接的指導作用。如果沒有新學的啓迪與訓練，王國維或許無異於清代樸學家也未可知。可喜的是，新學在當時乃時代潮流所趨，王國維能識其重要且毅然投入，使新學成為他學術研究的一部分，也轉化為他日後研究工作中的重要憑藉。

第二節　內在因素

一、淵博之根據

　　所謂「淵博之根據」，意味著資料的齊備。王國維素來重視材料，紙上與地下、今文與古文，實錄與神話……凡「材料之足資參考者，雖至纖悉不敢棄焉」（〈國學叢刊序〉），將「足資參考」的材料全部了然於胸，這樣的作為不是一般淺學的人能達到的。而王國維之所以能做到，完全是因為其勤苦不懈的讀書精神所使然。「先生之學，博矣！精矣！」（陳寅格〈王靜安先生遺書序〉）「求之三百年間，實為高郵二王為近。然方面之多，又非懷祖、伯申兩先生所可及也。」（趙萬里〈王靜安先生手批手校書目〉）其言善矣！

　　辛亥革命，王國維隨羅振玉東渡日本後，始「擬專治三代之學」〔註 23〕，但感「於經說小學素乏根柢」，於是「赴東以後，始致力於此。」〔註 24〕他如何儲備自己的治學根柢呢？除了前引羅振玉在〈丁戊稿〉中所言海東諸事，日本學者狩野直喜說：

　　　　在此期間，王氏精讀《十三經注疏》、《後漢書》、《三國志》。〔註 25〕

錢基博也記述道：

　　　　（先生）自是又盡棄宋元文學，專攻經史，日讀注疏盡數卷，旁及

〔註 21〕實則王國維並沒有把從前所學「一齊丟掉」，而是轉化為考古學與史學的研究養科。

〔註 22〕見顧頡剛〈悼王靜安先生〉，原載《文學週報》五卷一～四合訂本「王靜安先生追悼專號」，亦收入《全集》附錄，頁 5585～5586。

〔註 23〕見王國維於 1914 年 7 月 17 日致繆荃孫信，《書信》，頁 40。

〔註 24〕見王國維於 1917 年末致柯劭忞信，《書信》，頁 232。

〔註 25〕見狩野直喜〈王靜安君を憶ふ〉，原載日本《藝文雜誌》第十八年第八號，譯文據王德毅《王國維年譜》（以下簡稱《王譜》）卷中三十六歲條，台北：中華學術著作獎著委員會，民國 56 年，頁 83。

　　古文字聲韻之學，如是者數年，所造乃益深且醇。〔註26〕

這樣精勤的閱讀，然兩漢三國之書亦無所不觀；雖深意於史學，然金石古器、
經說小學亦無不用心。王國維所觀照的學術層面相當廣泛，若以時代論，上
自三代遺典，下至清末當世之作；若以材料言，則涵括紙上與地下之所有可
得者；若以科類分，則經學、史學、小學、金石學、古器物學……皆有深究。
王國維之治學猶如金字塔之建造，寬底穩固，尖端發光，他所流覽精讀的一
切，都是在爲「專治三代之學」儲蓄淵博的根據。在堅強寬厚的基礎之上，
使王國維的商周史研究多有創發，左右得證，也因而平步直上地建設了高聳
輝煌的學術堡壘，令人望之佩嘆！

　　王國維建立淵博根據的眼光是寬廣的，他以「史」的眼光透視一切學術
門類，「經書不當作經書（聖道）看，而當作史料看」，努力去了解經典中的
文化脈絡，而非微言大義；「他把龜甲文、鐘鼎文、經籍、實物，作打通的研
究，說明古代的史蹟。」（顧頡剛〈悼王靜安先生〉）他可以不把出土器物當
作骨董看待，而明白作爲證史的憑籍，他自己更明言道：

　　古文字古器物之學，與經史之學實相表裏。惟能達觀二者之際，不
　　屈舊以就新，亦不紐新以從舊，然後能得古人之眞。（〈殷虛文字類
　　編序〉）

王國維以史意貫串諸多學科的心思至爲明白，他視凡生活上所見爲治史之材
料，因此能舉證縷縷，辯答如流，使淵博的知識透徹於心，形成他研究殷周
史的活水源頭。

二、宏富之經歷

　　吳其昌說：

　　爲輔助書本材料之不足起見，至少須見古器物數千件以上，及著錄
　　古器物之書籍，全部爛熟。（〈王觀堂先生學術〉）

指的主要是書籍以外的器物材料。王國維由於與羅振玉相交遊，得天獨厚地得
以目視手觸大量的器物原件，再加之以整理器物的機會，而廣搜著錄諸書，經
其目驗者不下千百。而這樣宏富的經驗，使王國維的商周史研究更爲稱手。

　　王國維自幼即已接觸金石，其父蓴齋公「自江蘇溧陽縣署遊幕歸，居喪
不出，夜課先生讀，並自攻金石書畫。」（《趙譜》十一歲條）1898 年於東文

〔註26〕見錢基傳《現代中國文學史》，台北：文馨出版社，民國 65 年初版，頁 275。
　　　　附錄，頁 5586。

學社始識羅振玉，時年王氏二十二歲，羅氏三十三歲，而羅振玉自其幾二十歲時即已從事古器物的收集買賣，自結識後幾隨同羅氏進出遷移的王國維，日常所見之古器物，遂爲之漸增，清末民初幾次的大發現，羅振玉都能參與先鋒，且積極地奔走理校。而羅氏每遇新器物的出現，王氏也常能首先親覩，多參與整理工作。得此良機之賜，王國維經歷之宏富，是鮮有人能相比的，因此，由這些經歷所發展出的學問作品，也就鮮有人能企及了。

王國維經歷之宏富程度究竟如何？其早年隨父親鄉人所見姑且不論，就與羅振玉相見相交而言，即令人瞠目結舌。王國維專意商周史在東渡日本之後，他爲研究商周史作紮根工作，也在賦居日本時期開始。從當時的記載中，我們可以看出王國維當時的便利與精勤。羅振玉說：

> 大雲書庫藏書五十萬卷，古器物銘識拓本數千通，古彝器及他古器
> 物千餘品。（《海寧王忠愨公傳》）。

日本學者鈴木虎雄回憶曰：

> 君又就與君同時來寓京都之羅叔言振玉氏研究龜甲文字，幾乎每日
> 赴羅處。〔註27〕

先生之治古器物學自 1911 年撰〈隋唐兵符圖錄附說〉起〔註28〕，隨後與羅振玉同渡日本京都，大雲書庫的豐富收藏，使先生治古器的端緒得以擴大發展，數年而下，莫怪王國維胸中對器物的精通爛熟了。

在 1917 年王國維發表商周史研究代表作〈殷周制度論〉之前，甲骨圖錄的書籍不多，所刊印之甲骨拓片亦有限，茲據董作賓與胡厚宣合編〈甲骨年表〉〔註29〕錄出，以統計便觀：

1917 年前甲骨圖錄書目一覽表

年代	書　　名	甲骨版數	作　者	王國維〈先公二考〉明言者	印本
1903	1. 鐵雲藏龜	1058 版	劉　鶚	✓	拓本
1912	2. 殷虛書契前編	2229 版	羅振玉	✓	拓本

〔註27〕見鈴木虎雄〈追憶王靜庵〉，譯文轉引自《王譜》卷中，頁 87。

〔註28〕據《趙譜》三十五歲條。此文於民國 6 年重新刪訂爲〈隋虎符跋〉，〈僞周二虎符跋〉二文。
又據洪國樑《王國維著述編年提要》，知此文今未見。台北：大安出版社，民國 78 年初版。

〔註29〕見董作賓《甲骨學六十年·附錄》，台北：藝文印書館，民國 54 年初版。

1914	3.殷虛書契菁華	68 版	羅振玉		拓本
1915	4.鐵雲藏龜之餘	40 版	羅振玉		拓本
1916	5.殷虛書契後編	1104 版	羅振玉	✓	拓本
1916	6.殷虛古器物圖錄	4 版	羅振玉		照片
1917	7.殷虛卜辭	2369 版	加・明義士（Jomes Mellon Menzies）		摹本
1917	8.戩壽堂所藏殷虛文字	655 版	王國維	✓	拓本
合計	八　　　書	7527 版		5046 版	

　　從這份簡表中，可以很清楚地看到：至 1917 年止，甲骨圖錄的著作總共只有八本，八本著作中，羅振玉三分居其二，其中之《鐵雲藏龜》也是羅氏「助之校印」，可見得早期的甲骨傳拓，羅振玉居功最偉，不遑多讓。而羅振玉諸作，與王國維又有密切關係：羅氏六本輯作中有五本是在京都時期完成的，此時期之羅、王二人日夕相處「（王國維）君又就與君同時來寓京都之羅叔言振玉氏研究龜甲文字，幾乎每日赴羅處。」羅振玉的甲骨研究工作，王國維是必然的參與，羅、王密切共事的情形，甚至引起了外界對羅振玉是否為《殷虛書契考釋》作者的質疑，以為乃王作而羅以金購名的說法甚囂塵上。這樣的謠傳〔註 30〕，使我們更能相信，王國維在羅振玉卜辭研究中的重要參與地位了。

　　在參與的過程中，王國維漸次建立了個人對甲骨的了解，累積了個人豐富的閱歷，在〈殷卜辭中所見先公先王考〉、〈續考〉二文中，王國維明言自己所依據的底本有四（請見附表），這四個底本所收的甲骨版，已幾乎是當時

〔註 30〕傅斯年、郭沫若皆有此說。傅斯年《殷曆譜序》：「此書題羅振玉撰，實王氏之作，羅以五百元酬之。」（《殷曆譜》董作賓著，刊於《中央研究院歷史語言研究所集刊》四冊，民國 34 年）郭沫若《歷史人物》：「例如《殷虛書契考釋》一書，實際上是王的著作之書，而署的卻是羅振玉的名字，這本是學界周知的祕密。」上海：海燕書局，民國 37 年，頁 170。董作賓《甲骨學六十年》，頁 50～51 則引證反駁道：「書中引用王國維之說處，均有『王氏國維曰』字樣……間有附列己見的，則加『玉案』。這足證《考釋》一書為羅氏自撰，謂為『王氏之作』近誣。」張舜徽〈王國維與羅振玉在學術研究上的關係〉（《王國維學術研究論集一》，上海：華東師大，1987 年），頁 418 亦謂：「讀了《讀碑小箋》、《存拙齋扎記》、《眼學偶得》、《五史校議》、《面城精舍集甲乙編》諸書以後，深深感到他的學問根柢深厚，業務的修養在他青年時期已經很成熟了。經過他的不斷努力，在古文字的研究上作出了成績，所以《殷虛書契考釋》一書能成于他的手，這是極其自然的事。」今人洪國樑《王國維之經史學》則多方考證，證明《考釋》一書確為羅振玉所作。

除了同年出版未必及見的明義士《殷虛卜辭》之外的全部了，王國維所掌握
的甲骨資料，在彼時直可謂之「富甲一方」！

再就金器觀之，大雲書庫中多樣多量的收藏，是王國維豐富金器閱歷的
起點與重心，在羅振玉的引導與期待下〔註31〕，王國維於 1914 年中同時完成
了〈宋代金文著錄表〉和〈國朝金文著錄表〉二部作品，前者採錄十一家書、
六百四十三器，後者採錄十六家書、四千二百九十五器，合計共二十七書、
四千九百三十八器。此二表中尚不包括《西清古鑑》、《西清續鑑》、《寧壽鑑
古》三書中的大量器物〔註32〕，然王國維對此三書亦有所攻究。此二表的製
作，使王國維對吉金彝器的閱歷，大大超越了同時代的其他學者。

王國維因著天時地利人和而多覽古器與書籍的宏富經歷、成爲他在商周
史研究中最大的材料憑藉，也是高人一等的一大籌碼。

三、辨僞之能力

辨僞之於上古史料是必要的，不僅在於「辨別書的眞僞，是學術研究的
前提。」（許凌雲《讀史入門》，頁 410）更由於「傳說之中，亦往往有史實爲
之素地。」（〈古史新證〉）上古三代正是歷史由文字寫定的初期，傳說與實錄、
當世記載與後世託言皆相錯混，不能辨清材料時代就無法進行信史重建。辨
僞之能力固爲學者所應具備，而尤爲治上古史者所不可或缺。

張心澂《僞書通考·總論》曾列舉辨僞的條件有六：

（一）須有豐富之書籍　　（二）須有學問之修養
（三）須知前人之成說　　（四）用銳利的眼光
（五）用公平的態度　　　（六）用科學的方法〔註33〕

這六項條件中，第一項是外在憑藉，其餘則皆屬個人修養，而王國維樣樣具
備，此其所以辨僞能力深強的緣故。且容後詳述。

其一，須有豐富的書籍。這是辨僞工作的基礎設備，若圖書不富足，則
辨僞工作非貧則停。王國維一生在經濟生活上未曾優裕過，但在學術生活上，
他卻是一直能夠享有絕對充分且接續不斷的書籍史料。王國維之圖書憑藉，

〔註31〕見王國維〈國朝金文著錄表·序〉：「參事屬分別其已著錄者與未著錄者，將
　　　　以次編類印行，又屬通諸家之書，列爲一表。」
〔註32〕見王國維〈國朝金文著錄表略例〉，《全集》初編（十），頁 4193。
〔註33〕見張心澂《僞書通考》，香港：友聯出版社，民國 42 年修訂版，頁 35。「科學
　　　　的方法」一項，請詳本節之五與四章三節之二，茲從略。

姚名達〈友座私語之一〉曾記述之〔註34〕，洪國樑先生《王國維之經史學》
亦補充之〔註35〕，然其範圍皆在辛亥至丁卯之間（1911～1927），即王國維三
十五至五十一歲之間，此時期，已是王國維學術成爲專才大家之時。眾所周
知，王國維之學乃由博返約，在他成就專家之業以前，亦有其接觸豐富書籍
材料的幸運經歷。而這份經歷中，除了碩大可見的圖書館或藏書樓可爲其憑
籍外，擔任刊物編輯與教師講席的歷程，也同樣對他獲取圖書與新知有所助
益。在此便依上述認識，將王國維之圖書憑藉綜合製成「王國維各階段圖書
憑藉一覽表」，以求了然。

王國維各階段圖書憑藉一覽表

歲　　數	年　　　　代	圖　書　憑　籍
1～21 歲	光緒三年丁丑～二十三年丁酉 （1877～1897）	「家有書五六篋……，晚自塾歸，每泛覽焉」。
22～24 歲	二十四年戊戌～二十六年庚子 （1898～1900）	聽講於東文學社，廣治英數理化及歐文。學社迻譯 各國農學書，社中師友不乏。
25～30 歲	二十七年辛丑～三十二年丙午 （1901～1906）	歷任編譯及教員： （1）1901 年武昌農學校譯授。 （2）1902 年南洋公學虹口謙吉里分校執事。 　　《農學報》、《教育世界雜誌》編譯。 （3）1903 年通州師範學校教員。 （4）1904 年蘇州師範學校教員。
31～34 歲	三十三年丁未～宣統二年庚戌 （1907～1910）	1907 年在京師任學部圖書館編輯。暇時或往羅振玉 處借書或往廠肆游覽，數年間得善本書凡十餘種。 1909 年與柯紹忞、繆荃孫定交，又與劉世珩、吳昌 綬往返論學，諸先生或學有所長，或好聚書。 1910 年兼充名詞館協修。

〔註34〕見姚名達〈友座私語之一〉，〈友座私語〉共二則，《國學月報》，二卷十一號
　　　　「王靜安先生專號」，〈之一〉見頁 59，民國 16 年 11 月。
〔註35〕姚名達〈友座私語之一〉言王國維之圖書憑藉有曰：「辛亥以前無論矣，辛亥
　　　　以後至丙辰（1911～1916），則上虞羅氏之書籍碑版金石甲骨任其觀摩也。丙
　　　　辰以後至壬戌（1922），則英倫哈同、吳興蔣氏、劉氏之書籍聽其研究也。癸
　　　　亥（1923）、甲子（1924）則清宮之古本器由其檢閱也。乙丑以後至丁卯（1925
　　　　～1927），則清華學校之圖書任其選擇也。計其目見而心習者，實至可驚。」
　　　　洪國樑《王國維之經史學》則補充姚說，謂：「其中『丙辰以後至壬戌』，宜
　　　　增『嘉興沈氏（曾植）』，『癸亥、甲子』宜增『京師圖書館』，二者爲姚氏所
　　　　忽，其餘則大體皆已賅舉。」台灣大學中文研究所博士論文，民國 76 年，頁
　　　　237。

35～39歲	三年辛亥～民國四年乙卯 （1911～1915）	1911年隨羅振玉東渡日本。羅振玉大雲書庫恣其研索。日本京都大學圖書館亦其常去處。 任《國學叢刊》編纂。
40～46歲	五年丙辰～十一年壬戌 （1916～1922）	1916年任哈同《學術雜誌》編輯，倉聖明智大學教授。與沈曾植深交，沈氏有海日樓藏書。與繆荃孫深交，繆氏任京師圖書館總監。 1919年受聘於蔣汝藻，纂修《密韻樓藏書目錄》，亦受聘任《浙江通志》分纂。與劉承幹相識相交，劉氏以藏書名。
47～48歲	十二年癸亥～十三年甲子 （1923～1924）	1923年任溥儀南書房行走，又奉旨清查景陽宮等處書籍。 鄰居馬幼漁（裕藻）藏普通書頗多。（《書信》，頁356）
49～51歲	十四年乙丑～十六年丁卯 （1925～1927）	受聘於清華大學國學研究院導師。

註：主要依據：趙萬里《民國王靜安先生國維年譜》。

由這份表格中，我們可以很清楚看到王國維自幼家教即重讀書，而從離開家鄉後，至隨波西歸止，一直都沒有離開過學術的環境。私塾的學習奠立他的國學基礎，教學的工作使其生活安定，專心向學，更供應他充分的圖書資源；編譯的工作讓他廣泛接觸到外來西學的新知，也提供他琢磨作品的發表園地；交遊不廣的他，卻能深交到幾位以藏書聞名的朋友，而得縱情於書林之中。對於一位「畢生惟與書冊為伴，故最愛而最難舍去者，亦惟此耳！」（趙萬里〈王靜安先生手批手校書目〉）的愛書人來說，能夠如此幸運地擁有豐富的圖書，無疑地是受到了上天的特別眷顧了！

其二，須有學問的修養。此項在於要能博學精研。王國維一生治學途徑多轉折，在其致力史學，尤其商周史之前，早已遊歷多項學科門類，有些他曾費心深治，有些則淺嘗即止，然而凡所走過的必留下痕跡，點點滴滴的識見與訓練，都累積著深厚了他內在的學問修養，使他不論在發現問題或解決問題上，都能有深切的認識與豐實的證據。他不僅有專門的學識，也有廣博的常識，而這就構成了他內在傲人的高度學問修持。

王國維早年在家鄉時，讀古書、治舉業，無異於一般學子，只是「君於學不沾沾於章句……無意科名也。」（陳守謙〈祭王忠愨公文〉）二十二歲離鄉赴滬，進東文學社，始大舉吸收西學，舉凡語文、數學、物理、化學、哲

學，無不治焉。其中，理科曾至日本作短暫留學〔註36〕，以不合志趣，深感辛苦而放棄。哲學則在日後深有攻究，專治康德、叔本華、尼采之學，成就可觀，蔚爲其學術代表。在他研究哲學的期間〔註37〕，亦旁涉社會學、論理學、美學、心理學等，並擔任通州師範學校、蘇州師範學校諸校講座。二十六歲爲羅振玉編譯《農學報》、《教育世界雜誌》，不僅促使自己撰述益富，並從中吸收了農學與教育學方面的常識，尤其教育學方面，屢有創見，頗受矚目。

在國學方面，則「購前四史於杭州，是爲平生讀書之始」（〈三十自序一〉）。自爲詩文、編成詞稿、文集，文學造詣深入，亦成其學術代表。通熟小學、精研經學、文集多閱、諸子亦究，四部諸書皆有所貫串，儼然爲一國學大師。又熟練多國語言，日文、英文、德文、法文，皆能說寫聽譯，不假他人。於新出學問亦不落人後，甲骨學、金石學、簡牘學、敦煌學，皆乃一代開山，居功闕偉。更能自闢新地，如宋元戲曲之通俗文學研究，啓前人之蒙昧，引後人之明路，殊有成就，爲其另一學術代表。如此洋洋可觀的精博治學，長久以來的鍛鍊，已使王國維的學問根柢益發紮實深厚，學術運作更加寬闊靈活。羅振玉曾說：

> 辛亥之變，君復與余航海居日本，自是始盡棄前學，專治經史。（〈觀堂集林序〉）

王國維由文哲轉治經史是事實，然而他眞能將前此所學完全棄盡？以常理推之，即可知其不然，他只是將研究的方向作了重大的改變，而將從前所治諸學，都轉化潛埋成爲他鑽研經史的養份，作爲他成就經史學術高塔的基底。因此，對於千百年來視爲荒誕異說的《山海經》、《楚辭‧天問》，他能獨排成見，引用取證，不僅引證史實的成立，更反證傳說記載的或有可採信〔註38〕，並獲得新舊學者的普遍贊同，這一項破天舉動，若非其內練靈動的學問涵養，

〔註36〕據〈三十自序一〉及《趙譜》：王國維於1901年秋赴日本東京，晝習英文，夜至物理學校專修數學。1902年夏日返國。居留東京僅四、五月。時年二十五至二十六歲。

〔註37〕據《靜安文集‧自序》言：「余之研究哲學始於辛、壬之間。」辛、壬者，辛丑、壬寅間也，乃1901、1902年之間，時先生二十五、六歲。
又據〈（三十）自序二〉：「近日之嗜好，所以漸由哲學而移於文學，而欲於其中求直接之慰藉者也。」〈（三十）自序二〉一文乃作於王國維三十一歲時，故自辛丑至此，約五、六年，爲其研究哲學的時期。

〔註38〕例如〈殷卜辭中所見先公先王考〉、〈續考〉、〈古史新證〉。

是絕不可能成就的。

　　其三，須知前人成說。王國維弟子趙萬里整理先生遺書畢而有感曰：

> 先生之治一學，必先有一步預備工夫。如治甲骨文字，則先釋《鐵
> 雲藏龜》及《書契前後編》文字。治音韻學，則遍校《切韻》、《廣
> 韻》。撰蔣氏《藏書志》，則遍校《周禮》、《儀禮》、《禮記》等書不
> 下數十種。(〈王靜安先生手批手校書目〉)

王國維的「預備工夫」不僅是實踐他自己「先有根柢，而後可言發展」〔註39〕
的治學要求，也是他了解前人成說的直接方法。

　　王國維的第一篇商周史研究〈明堂廟寢通考〉，包括紙上與地下，遠古與
近世的諸般材料，總共達近六十種之多（請詳見附表：〈明堂廟寢通考〉使用
材料及其次數表）。

〈明堂廟寢通考〉使用材料及其次數表

書　名	使用次數	書　名	使用次數	書　名	使用次數
1.禮記①月令	9	9.說文	8	34.阮元・揅經室續集	2
②玉藻	4	10.左傳	5	35.孔廣森・明堂億說	1
③明堂位	3	11.公羊傳	2	36.戴震・考工記圖	1
④大戴記－盛德	3	12.穀梁傳	1	37.張惠言・儀禮圖	1
⑤內則	2	13.春秋經	1	38.任啓運・朝廟宮室考	1
⑥曲禮	1	14.詩經	1	39.焦循・群經宮室圖	1
⑦禮運	1	15.鄭玄毛詩箋	1	40.白虎通	1
⑧祭統	1	16.易傳	1	41.蔡邕・明堂論	1
⑨喪服	1	17.國語（周語）	1	42.牛弘・明堂議	1
⑩喪大記	1	18.呂氏春秋	3	43.李覯・明堂定制圖	1
⑪檀弓	1	19.禮記疏	1	44.程瑤田・釋宮小記	1
合　計	27	20.禮記正義	2	45.陳澧	1

〔註39〕見姚名達〈哀餘憶斷之三〉，〈哀餘憶斷〉共五則，載《國學月報・王靜安先
　　　生專號》二卷十一號，十六年十一月，〈之三〉見頁564。

2.周禮①考工記	12	21.何休注禮	1	46.藝文類聚	1
②春官	2	22.尚書王肅注	1	47.孔廣森‧禮學卮言	1
合　　　計	14	23.說文段注	1	1.殷虛書契	2
3.儀禮①聘禮	1	24.論語	1	1.君夫敦蓋	1
②士喪禮	2	25.爾雅	1	2.吳彝蓋	1
③燕禮	1	26.史記	1	3.㶑攸从鼎	1
④鄉飲酒	1	27.隋書①宇文愷傳	3	4.伊敦	1
合　　　計	5	②牛弘傳	3	5.曶鼎	1
4.禮記‧鄭玄注	3	合　　　計	6	6.克鐘	1
5.周禮‧鄭玄注	7	28.魏書①賈思伯傳	1	7.頌盤	1
6.儀禮‧鄭玄注	2	29.班固	1	8.頌鼎	3
7.尚書①顧命	4	30.尸子	2	9.頌壺	1
②洛誥	2	31.唐仲友‧帝王經世圖譜	3	10.頌敦	1
合　　　計	6	32.聶崇義‧三禮圖	3	11.寰盤	3
8.尚書大傳	2	33.汪中‧明堂通釋	2	12.望敦	2

先生通曉前人言論，而後整理發明，造就己說的用意與過程，至為明顯。而在通讀前人著作之後，思辨清晰如王國維者，自能明判曲直，清澄混沌。不僅發為系統篇章，且能不蹈襲前輩成說，不復踏積習謬誤。

今、古《竹書紀年》的可靠性，長久以來即各有紛說，王國維統括諸書，條條疏證，使得「僞者之迹為不可掩，而真者亦因以明」〔註40〕，辨僞之功為前人所不及，今本之僞與古本之真因得定說。

王國維治史常能確定目標，專一精勤，此一專定態度的形成，正在於他能每每求知前人成就，將已得證明者、蔚為問題者，諸說理由，各家成東，皆明白通透，因而得以自信辨僞，有所超越。他自言：

> 擬專治三代之學，因先治古文字，遂覽宋人及國朝諸家之說。(《書信》，頁 40)

便是為學須先知前人諸家之說的明言表示。

其四，用銳利的眼光。許冠三曾稱許王國維乃是「以通人之資，成專家

〔註40〕見金靜庵《中國史學史》，台北：鼎文書局，民國 75 年，頁 35。

之業」〔註41〕，對於王國維一生多轉折的治學途徑而言，他能每每以短暫的時間，創造一波波的學術高峰而傲視群倫者，最主要的因素之一，在於他具有敏銳的學術眼光，他這樣的銳利眼光，直可令人讚嘆為天才！

他能在殘亂難識的甲骨文中，檢理出王亥、王恆的存在，並從而辨析出《世本》、《帝王世系》、《楚辭》、《呂氏春秋》、《史記》、《漢書》中所載之胲、核、該、王冰、振、垓皆「亥」之訛誤，而定諸書異名皆「實係一人」，〈天問〉：「該秉季德、厥父是臧」「恒秉季德」是王亥、王恆的兄弟關係。雖然王亥之名是由羅振玉首先在卜辭中發現〔註42〕，然而經王國維再三研究才證實「王亥為殷之先公」，並據以為物證，改正《世本》、《史記》等書的訛傳〔註43〕。這樣驚人的發現，非有銳利的眼光不足以致之，而羅振玉用以驚嘆先生成就之「捷悟」二字〔註44〕，則恰可適切形容之。

銳利眼光對於辨偽之重要，在於理性透視真真假假的材料，以及虛虛實實的論據。

其五，用公平的態度。「虛其心以求之，平其情而論之」〔註45〕的客觀評判，對一位史學家而言，是必要但不容易做到的。然而王國維不僅在觀念上認為「必視學術為目的，而不視為手段」（〈論近年之學術界〉），在資料處理的行動上，也同樣不曲承前說，或有所目的而為，一切所秉持的就是「學術之爭，只有是非真偽之別耳」（〈論近年之學術界〉）的堅定立場。

王國維當時正是成見之爭最激烈的時候，古文派與今文派，疑古派與信古派，保皇派與排滿派，國學派與新學派……各執己見，各懷目的的情形，充斥著學術界，致使向來主張用公平客觀純粹態度治學的王國維看不過去，為文再深層分析，嚴正聲明道：

> 余正告天下曰：學無新舊也，無中西也，無有用無用也。凡立此名者，均不學之徒，即學焉而未嘗知學者也。（〈國學叢刊序〉）

王國維視為學為一寬闊的園地，並不畫地自限，也不容人蓄意區隔，他就學

〔註41〕見許冠三《新史學九十年》，香港：中文大學，1986年，頁73。

〔註42〕見王國維〈殷卜辭中所見先公先王考〉，與羅振玉《殷虛書契考釋·序》，台北：藝文印書館，民國58年再版。

〔註43〕見王國維〈殷卜辭中所見先王先生考〉、〈續考〉。

〔註44〕見1917年羅振玉致王國維書，收附於〈殷卜辭中所見先公先王考〉文末。

〔註45〕見載名世《南山集·卷一·史論》，台北：文華出版社，民國59年初版，頁100。

術以言學術的純粹治學心態，使他的辨偽能力有了純粹的發展，其研究成果也因而受到了不論門派與主張的不同人士的共同肯定〔註46〕，這在當時混亂的環境中顯得特別地難能可貴。

王國維自謂「無師法」（《書信》，頁232），沒有門戶之見，對於材料，也同樣是以「公平」的客觀態度為基點，進行辨偽判斷而予以取捨，他自言：

> 雖古書之未得證明者，不能加以否定，而其已得證明者，不能不加以肯定（〈古史新證〉）

他並沒有懾屈於當時疑古派的強大威勢，仍對傳統古書抱持審慎的態度，以「得證明」為其標準。

辨偽固然在求得真書，然偽書亦有其價值，因此，王國維既取《今文尚書》為證，亦取《古文尚書》為證，例如〈周開國年表〉；既駁斥劉歆訛傳，亦糾正史遷誤載，例如〈生霸死霸考〉、〈殷卜辭中所見先公先生考〉。由於王國維公平的態度，使得他在辨偽方面猶如法官之審判一般，幾乎做到了公平客觀的要求。也由於辨偽的成功，使得他在治史的途徑上，減少了許多的錯謬，更加精確地建立了商周的信史。

四、考證之功力

歷史考證學的出現，意味著史學發展的臻於成熟〔註47〕。我國史料考證學的精密出現在清乾嘉時代，而王國維繼承乾嘉樸學的精神與方法，秉持「懷疑」的精神，審定他所重視的史料之可靠性，他不輕信，不盲從，與其「重根柢」的為學精神採取一致的步調。

「考證者，所以審定史料之是否正確。」〔註48〕與判斷史料真假的辨偽，同為一體的兩面，對於材料微渺錯混的商周研究而言，尤為重要，因為要「於叢雜蕪殘之中，整理而成一有系統有組織之著作，此非於考證演繹之能力，有長時間深沈之修養不為功。」（吳其昌〈王觀堂先生與述〉）所謂「考證史料不是史學家的目的，卻是史學家的手段。」（杜維運〈史學方法論〉，頁151）

〔註46〕羅振玉〈觀堂集林序〉已言：「海內新舊學者咸推重君書無異辭。」稍後，傅斯年、郭沫若、顧頡剛，都或前或後地表示對王國維的極高推崇。

〔註47〕見杜維運《史學方法論》，頁151：「當史學發展到史學家知道考證史料的時候，已相當進步了，發展到一套史料考證學出現，已臻於成熟的時期。」

〔註48〕見梁啓超《中國歷史研究法》，台北：台灣中華書局，民國74年台十五版，頁23。

這對於了解考證在王國維史學研究中的角色闡述，是最恰當不過了！王國維精心於考證的工作，目的即在求得商周文化的大闡發，他踏踏實實地從小學入手，「擬專治三代之學，因先治古文字」（《書信》，頁40），以文字、音韻、訓詁之學為工具，作為商周史徵信的初步手續。

王國維自幼即已表現出對於考證工作的喜愛與能力，先生少年伴侶陳守謙即言：

> 余……距君家僅里許，無一日不相見，見輒上下古今，縱論文史，或校勘疑誤，鑒別異同。間為詞章，彼此欣賞。……其時君致力於考據之學，不沾沾於章句，尤不屑就時文繩墨。（〈祭王忠愨公文〉）

可見得，考證所帶給他的，是獨立思考，自由探險的活潑氣象，與拘謹八股的時文，截然不同。所以，雖治舉業可爭功名，但王國維不屑於此，仍喜好浸淫於能揮灑才能的考據天地。

王國維說：

> 維於經說小學，素乏根柢，赴東以後，始致力於此。（《書信》，頁232）

他雖早具才情，但真正深入考據堂奧，培養考證功力，是一直要到東渡日本之後才奮力開始。王國維考證功力的兩大表現，是在小學與二重證據雙方面，而這都是在寄寓京都時期方才肆力求致的，並且是由於先生治學方向的轉移，以及羅振玉的指引與收藏，相互配合而形成的。

在小學方面，羅振玉嘗言道：

> 國朝學術實導源於顧亭林處士，厥後作者輩出，而造詣最精者為戴氏震、程氏易疇、錢氏大昕、汪氏中、段氏玉裁，及高郵二王，因以諸家書贈之。公雖加流覽，然方治東西洋學術，未遑專力於此。……予乃勸公專研國學，而先於小學訓詁植其基。……公既居海東，乃盡棄所學而寢饋于往所贈諸家之書。（〈海寧王忠愨公傳〉）

在羅振玉的導引輔助下，王國維憑其「日讀注疏盡數卷」的勤奮用功，細讀清代小學諸大家的學術著作，習其精神亦學其方法，復與「專研經詁，留意金石文字」〔註49〕的羅振玉朝夕切磋，使得樸學「實事求是」、「無徵不信」

〔註49〕見柯昌泗〈弔上虞羅先生〉：「（先生）辛卯以前，專研經詁；辛卯以後，始治史學，中間留意金石文字，以為考據之助。」收入《雪堂全集》五編冊二十附錄（一），頁8600。

的宗旨，在王國維身上再次得到了實踐，訓練了他解決混雜材料困惑的最佳處理方法。

在二重證據方面，王國維親自考辨古籍，親自整理古器物，跋記考釋文章之多，顯示出王國維的精勤踏實；兩本金文著錄表，一本《戩壽堂所藏殷虛文字》‧《考釋》，以及零星的考證工程，都表明了王國維考證器物能力的高超。而他結合紙上材料與地下材料相互證發的諸多篇章，更是他考證功力的最大顯現。

王國維考證成就的突出，使後人多視之爲考證學家。固然王國維在考證方面有天賦的才華，但「考證不是天然的習慣，我人必須時常注意，且須時常練習，然後才能成爲習慣。」〔註50〕持續專心勤奮的學習與研究，才是王國維得以憑藉考證之力開發商周史的主要原因。

五、科學之通識

吳其昌說：

> 爲考證之精確便利起見，至少須具有近世地質學之基本常識以上之知識。（〈王觀堂先生學述〉）

其昌此言只說得一端，實則科學名目繁多，難以盡舉。在此所謂的「科學」，當如王國維所言：

> 凡記述事物，而求其原因，定其理法者，謂之科學。（〈國學叢刊序〉）

每一種科學的研究內涵都不相同，開發的知識與應用的程度也大不相同，但都是解釋疑問的可靠依據。歷史是人類生活的軌跡，充滿著複雜的現象，廣義地說，每一種科學，恰是歷史的每一個分支研究，它所進行的，是範圍內知識的開發與整合。「求事物變遷之跡，而明其因果」（〈國學叢刊序〉）的史學，正是需要各種科學知識的支援，方得以融通，故王國維說：

> 爲一學，無不有待于一切他學，亦無不有造于一切他學。

> 治科學者必有待于史學上之材料；而治史學者，亦不可無科學上之知識。（〈國學叢刊序〉）

科學通識的具備，是史學家工具學問的具備。三代歷史渺茫難稽，依靠不盡

〔註50〕見 Ch. Lauglois《Study of History》，譯文轉引自陸懋德《史學方法大綱》，台北：華世出版社，民國 64 年初版，頁 41。

純粹可信的殘存史籍，是難以得其眞相的，非得借助其他科學角度的觀察，才較能窺得歷史實況。這些足以幫助了解歷史的相關學問，一般稱之爲「歷史輔助科學」。

王國維深深了解歷史輔助科學對於史學的重要性，他精通多國語言，可以直接吸收他國學術發展成果，並以之與國內外學者相互切磋；他攻治古文字形音義之學，例如：〈觀堂古金文考釋〉、〈兩周金石文韻讀〉、〈聯緜字譜〉等，以根本解決原始資料的閱讀問題，並從文字考究之中，體會古代文化的發展與重點；他深究幣帛建築之結構，例如：〈釋幣〉、〈明堂廟寢通考〉，透過民生器用的分析，系統呈現了當時的禮儀規制；他借用年代學的了解，渴開上古紀時的迷題，例如：〈生霸死霸考〉、〈周開國年表〉；他利用地理學與歷史地理學，推述古今歷史狀況的演變，例如：〈敤卣跋〉、〈鬼方昆夷玁狁考〉、〈三代地理小記〉六篇；此外，他提倡印章學，例如：〈齊魯封泥集存序〉；鼓吹公文學，例如：〈庫書樓記〉；博通金石學，例如：〈古禮器略說〉、〈魏石經考〉；重視並投入甲骨學、敦煌學、簡牘學的研究，例如：〈最近二三十年中中國新發見之學問〉、〈戩壽堂所藏殷虛文字考釋〉、〈流沙墜簡〉、〈唐寫本兔園冊府殘卷跋〉，加之以他早年對教育學、心理學、社會學、美學、數學的涉獵，都累積在其心中，成爲順手拈來的證史工具或靈感，商周信史也才得以在其會通眾多科學的前提下，迅速而正確地建立起來。

「利用其他學問以從事史料考證，是近代中外史學家在治史方法上的絕大發明。」（杜維運《史學方法論》，頁 175）王國維身處新舊交替的時代，卻能率先使用新方法來治商周史，不爲傳統所羈絆，除了時代潮流所趨外，更重要的，是因爲他有一股活潑而勇敢的學術銳氣，敢於以自信的智慧突破傳統成說，他自認「根柢淺薄，又無師法」（《書信》，頁 232），因能恣意吸收新知，隨心安排創造，將通識科學以治史學的效力，發揮到最高點，不僅成就其史學偉業，也成爲新史學的主要模範，難怪後人要推尊他爲「新史學的開山」了！

第四章 王國維對商周史材料之處理

　　商周史的研究材料，必須兼具紙上之文獻與實物之資料。因為商周史的研究，不像鑽研缺乏文字記載的原始社會，必須依賴大量出土實物方能作業；也不像研究周秦以後歷代，有大批的文獻典籍可供參考。研究商周史時，對文獻與實物是同等的倚重。而對這兩方面，王國維都曾致力深究。生長在書香世家〔註1〕的他，接受傳統教育之深自不待言，而他自我督促的研讀態度，才更是他能擁有豐富古學基礎的主要原因。王國維對古器實物的接觸，較之古書，雖然起步稍晚，但憑藉他一貫專勤的治學態度，竟也能以短暫的時間，達到精深的程度。

　　古籍與古器是研究商周史的主要材料，王國維對它們各自有深刻的體會，並能取而作雙向的證發。他對商周史的研究是階段性的，卻能在其階段時間內就取得令人尊奉的成就，實在不得不歸功於他對研究材料的紮實處理功夫。在一個新舊交替的遞變時代中，王國維以其稟賦的天才加上幸運的際遇，而統括古、今、中、外四端，成為他在學術天地上的豐厚資源。民初如王國維一般，可以坐擁古今史料，通習中外學術的學者，實在不多！王國維之所以突出，對材料的體認與熟習，是很重要的原因。

〔註1〕據《王譜》一歲條，知王國維先祖有多人曾為士子。其宋世遠祖恕，登孝宗隆興元年（1163）進士；恕孫輝，登光宗紹熙四年（1193）進士。自王國維上推四世之高祖建臣、曾祖溶、本生曾祖瀚、祖嗣鐸、本生祖嗣旦，皆為國學生。王國維之父乃譽公，雖遭逢洪楊之亂，棄儒從商，然於貿易之暇，亦頗攻書畫篆刻及詩古文辭，並著有《游月錄》十卷、《娛廬詩集》二卷，也是一位知書達禮的讀書人。他對王國維幼年時的教育，亦頗注重。《趙譜》十一歲條記載，乃譽公居鄉常「夜課先生讀」，便可知：先人的書香傳統在乃譽公的勤奮勵學中承接下來，並且也在課子讀書中傳續給了王國維。

第一節　材料之體認

一、泛史料論

王國維在其所作〈國學叢刊序〉中明白揭櫫：

> 自史學上觀之，則不獨事理之真與是者足資研究而已，即今日所視
> 為不真之學說，不是之制度風俗，必有所以成立之由，與其所以適
> 于一時之故，其因存于邃古，而其果及於方來，故材料之足資參考
> 者，雖至纖悉不敢棄焉。

這一句「凡材料之足資參考者，雖至纖悉不敢棄焉」，就中國傳統史學而言，
是史料觀念上一項絕大的突破；他不以材料的形式作分類，不以材料的出處
定取捨，他的標準只有一個——是否「足資參考」。意味著史料的去取，應當
不必在乎其外形與出處，而在於注意它是否具有證史的功能；亦即，凡是足
以作為史學參考的任何材料，都可視之為史料。這樣的史料觀念，我們或可
稱之為「泛史料觀」。

「泛史料觀」是王國維學術工作的基礎體認。廣泛取材的心態，使他留
心身邊可得的一切材料，為他開發了研究取材的多處活水源頭；斤斤斟酌材
料考史價值的態度，則使他不顧輕視某些載記，也不願盲從舊說傳統。廣開
材料之門，再予以謹慎別擇，形成了王國維「泛史料論」的內在架構。

探討王國維泛史料論的淵源，可以說至少有：自宋代以來的史料觀、古
器物大量新出土兩大方向：

（一）自宋代以來的史料觀

長期以來，我國的商周史研究，一直是在文獻的範疇內進行，幾乎不曾
離開過紙上的範圍。直至宋代金石學發達之後，才在材料的認識上有較大的
改進。研究商周史所倚重的吉金彝器，也遲至宋朝，才逐漸由原先的神瑞崇
拜，轉而重視到其史學價值。宋代學者視金石為史料，在當時學界，似已蔚
為共識，趙明誠《金石錄·序》上的一段話很能作為代表：

> 《詩》、《書》以後，君臣行事之跡，悉載于史，雖是非褒貶，出於
> 秉筆者私意，或失其實，然至於善惡大跡，有不可誣，而又傳說既
> 久，理當依據。若夫歲月、地理、官爵、世次，以金石刻考之，其
> 抵牾十常三四。蓋史牒出于後人之手，不能無失，而刻辭當時所立，
> 可信不疑。

金石學家對金石器物證史價值的肯定，為我國史料學，首先打開了文書之外的另一扇大門。

王國維對於宋代金石學的貢獻是相當稱許的，他用力製成了〈宋代金文著錄表〉，並於序中指出：

> 竊謂考古、博古二圖，摹寫形制、考訂名物，用力頗鉅，所得亦多。及至出土之地、藏器之家，苟有所知，無不畢記。後世著錄家，當奉為準則。至於考釋文字，宋人亦有鑿空之功，國朝阮吳諸家，不能出其範圍。若其穿鑿紕繆，誠若有可譏者，然亦國朝諸老之所不能免也。

對宋代金石學的推崇，可謂溢於言表。此外，更為了彰顯宋人對此學之功績，分蒐集、著錄、考訂應用等方面，整理成一篇〈宋代金石學〉，專為介紹。宋代金石學的煌煌績業，給予王國維不小的影響；而也由於他的分析推許，才使宋代金石學的學術成就更加受到普遍的肯定。

我國史料觀的另一開拓者，是眾所周知的清代章學誠。在其代表作《文史通義》中，「六經皆史」（〈易教・上〉，頁 1）「盈天地間，凡涉著作之林皆是史學」（〈報孫淵如書〉，頁 342）成為他大膽擊破傳統的兩句有力劍鋒，也成為了我國泛史料論的先驅。章學誠清晰堅決地打破經學獨尊的局面，將史學提昇到與經學相平等的地位。就商周史而言，這無異確定了經書在史學研究上全新而重要的價值。章學誠說：

> 古人不著書，古人未嘗離事而理，六經皆先王之政典也。（〈易教・上〉，頁1）

> 今之所謂經，其強半皆古人之所謂傳也；古之所謂經，乃三代盛時典章法度見於政教行事之實，而非聖人有意作為文字以傳後世也。（〈經解・上〉，頁29）

章學誠推開了古經向來被賦予的道德外衣，還原了它本來的面貌。這與王國維對「書之意義」的解說是一致的：

> 古代一切文書，皆可統稱為書。〈召誥〉云：「周公乃朝用書。」蓋皆泛稱一切書也。《尚書》古時亦簡稱書，故傳記中，但引作「書曰」，此正如《逸周書》一類耳。其後經孔子刪存百篇，於是儒家遂尊之為經。（〈觀堂尚書講授記〉）〔註2〕

〔註2〕王國維對章學誠及其作品雖未聞有何意見，但由他與張爾田、孫德謙之交好，

從中國歷來逐漸發展的史料觀〔註3〕看來，晚出的王國維正乃承襲了前人對於史料的觀念，而予以擴充。他支持趙明誠等宋世金石學家對金石證史的見解，也傾向章學誠六經皆史的觀念。但是他跳出了以金石爲取向和以著作爲範圍的侷限，而以天地間紙上地下一切可資參考的萬事萬物爲史料。更重要的是，趙明誠、章學誠諸前輩的史料體認與理想，在王國維身上，得到了大規模的具體實踐，並獲至了令人讚嘆的成果。他的提高史學地位，認爲學術爲此與科學、文學鼎足而三（〈國學叢刊序〉）；他的提出「二重證據法」，落實紙上地下材料的等量與綜合使用（〈古史新證〉），都說明王國維是一位眞正徹底認同，並身體力行的「泛史料觀」學者。

（二）古器物大量出土

殷南〈我所知道的王靜安先生〉曾對王國維由文學轉而致力於考古學的原因，作了一番探討，他說：

> 他（王國維）所以研究考古學的原因，是完全因爲材料見得多，引起他研究的興味。他從戊戌（1898）以後，和羅振玉在一起，從來沒有離開過，羅是喜歡考古的，所以收藏古器物碑版及各種書籍拓本非常之多。尤其是在那時候，中國有幾種考古學材料的大發見，如安陽之商朝甲骨、敦煌之漢魏簡牘、千佛洞之唐宋典籍文書等，羅氏都首先見到。他處在這個時代和環境之中，那整理和研究的工作，他當然免不了參加的。於是這墾荒的事業就引起他特別的興趣，到後來竟有很大的收獲了。〔註4〕

王國維老友〔註5〕所陳述的這一席話，很能清楚指出新出土器物對王國維學術

可知應對章學誠之學說有所了解。張爾田與孫德謙在當時皆以治章學誠《文史通義》而享盛名。當王國維旅居上海時，曾與二人交遊論學，關係頗爲親密。王國維〈漢書藝文志舉例後序〉即云：「張君孟劬（即張爾田）、孫君益庵（即孫德謙）二君所居距余居半里而近，故時相過從。二君子爲學皆得法於會稽章實齋先生。」又〈張君孟劬別傳〉（《燕京學報》第三十期）有言：「居上海時，與海寧王國維、吳縣孫德謙齊名交好，時人目爲海上三子。」王國維縱使未曾研究章學誠，然以其博學及與張、孫二氏之交往中，當亦頗知章氏之說才是。

〔註3〕 隨時代推移而開闢史料觀，此一現象乃世界所共同，班漢穆《史學方法論》第三章，頁188即說到：「史料之內涵，自與科學所臻之階段有關，科學愈發展至高度，則材料亦愈見其多，而史料之範圍亦愈以擴大。」

〔註4〕 原載《國學月報》王靜安先生專號，頁561～564，又收錄於《全集》附錄，頁5611～5613。

〔註5〕 《王譜》，頁368謂：據文前儲皖峰之附識，惟測殷南即當時北京大學教授馬

研究的吸引力。

　　大批不同類型的古器物，不期然地同時出現在世人眼前〔註6〕，這在中國幾千年的歷史上，是非常罕見的。王國維身逢其時，曾記載了當時的盛況：一篇〈最近二三十年中中國新發見之學問〉記錄了五項大宗的器物；另外的其他篇章中則提及零星小項，如〈齊魯封泥集存序〉中所言：

> 二古〔註7〕遺物應世而出，金石之出於邱隴窟穴者，既數十倍於往昔。此外，如洹陰之甲骨、燕齊之陶器、西域之簡牘、巴蜀齊魯之封泥，皆出於近數十年間，而金石之名乃不足以該之矣。

或文字或圖象、或甲骨或簡牘，古器物繽紛燦爛地教人目光不禁爲之一亮。治學不喜單調的王國維〔註8〕，值此「發見時代」，依垂手可及的多樣材料，擴充對史學材料之界定，進而形成其「泛史料論」的觀點。

　　王國維的「泛史料論」是時代的產物，而古器物的大量新出，便是此中關鍵。如果他生非此時，其泛史料論可能不會如此鮮明具體；又如果古器物不是在此時代蜂擁爭出，他的泛史料論可能也就無法如此堅強有力。古器物的大量出現，直接引導了王國維泛史料論的觀念形成，應是無可疑議的。

　　大量新出的器物，使王國維意識到新舊史料的融合問題。然而，棄舊用新，執舊蔑新的偏袒態度，都不是他所願意持有的。在新舊混沌的那個時代，他難能可貴地以其學術的客觀精神，來衡量兩者的合作，他說：

> 此新出之史料，在在與舊史料相需，故古文字、古器物之學，與經史之學實相表裡。惟能達觀二者之際，不屈舊以就新，亦不絀新以從舊，然後能得古人之眞，而其言乃可信於後世。（〈殷虛文字類編序〉）

古器物大量出現的新奇與興奮，並未使他沖昏了頭；疑古與信古的爭辯，也

　　衡（叔平）先生。又殷南在文中自述：「我和王靜安先生相識近三十年。」故知二人爲老友。

〔註6〕中國考古學有計畫地發展，須遲至民國17年中央研究院歷史語言研究所的系統工作之後。在此之前，例如甲骨、金石、內閣檔案……等，皆出於偶然發見。

〔註7〕原文如此，「二古」即「上古」。《說文解字・第一篇上》「上」字云：「二，高也，此古文上。」

〔註8〕殷南〈我所知道的王靜安先生〉文中引王國維的話，說：「研究一樣東西，等到感覺沈悶的時候，就應該暫時擱開，作別樣的工作，等到過一些時，再拿起來去做，那時就可以得到一種新見解，新發明。否則單調的往一條路上走去，就會鑽進牛角尖裡去，永遠鑽不出來。」

沒有使他喪失立場。王國維在其豐厚學養的基礎上，冷靜客觀地提出了對待新舊史料的正確態度。

前述王國維泛史料論的淵源可謂波瀾壯闊，影響深遠，至其內容，則涵括了天地間可為參考的一切事物。若予大略分類，也至少有三項，即：史實與傳說、紙上與地下、文字與非文字。

1. 史實與傳說

關於此，王國維在其〈古史新證〉中說得最明白，他說：

> 上古之事，傳說與史實混而不分。史實之中，固不免有所緣飾，與傳說無異；而傳說之中，亦往往有史實為之素地：二者不易區別，此世界各國之所同也。

顯然王國維對史實與傳說是同等看重，亦同等審慎！他這些話透露出：上古之事，沒有絕對的史實，也沒有絕對的傳說；是由史實與傳說以相混相雜的型態在後世流傳者，時代愈後，混雜的情形也愈嚴重。因此，所謂的史實，固然應該注意；所謂的傳說也不能輕棄，蓋「即百家不雅馴之言，亦不無表示一面之事實」（〈古史新證〉）。史實與傳說必須經過論證的過程，加以剔選，所秉持者，當是「雖古書之未得證明者，不能加以否定，而其已得證明者，不能不加以肯定。」（〈古史新證〉）經部諸書之部分或為上古實錄，王國維據以為憑；《山海經》、《穆天子傳》、《博物志》中充滿了玄奇傳說，他亦擇而證用之。〔註9〕

2. 紙上與地下

這是王國維泛史料論中的主角，凡一切載於簿籍之作，與一切出土器物，均涵括於此。他在〈古史新證〉中以這兩類史料架構起了「二重證據法」，並按時代先後敘述了細目，列出紙上之史料十種：《尚書》、《詩》、《易》、《五帝德》及《帝繫姓》、《春秋》、《左氏傳》、《國語》、《世本》、《竹書紀年》、《戰國策》及周秦諸子、《史記》。地下之材料二種：甲骨文字、金文。但此區區

〔註9〕 王國維此說至今不易，仍為學者所亟欲引以為準基的文獻材料使用理念。左松超《〈史籀篇〉的作者與時代及其與秦篆的關係》，頁3～4即清楚說道：「我們對於古代文獻所載資料採信的態度應該有所修正，那就是：以前對於古代文獻資料凡沒有實證的，輕於否定；現在應該修正為凡沒有足夠的證據，不輕於推翻舊說。」此語與王國維之說並無二致，而仍為現今學者積極倡說之治學態度。此文為民國80年3月23～24日於台灣：高雄師範大學國文系主辦第二屆中國文字學國際學術研討會中宣讀之論文。

十二種，並非就是紙上與地下材料的全部，這些只是他為配合〈古史新證〉對商代史的研究，所列出的主要材料。

翻檢王國維商周史研究論文中所使用的材料，便可知道其所言紙上與地下材料類目之廣（請詳參附錄〈王國維商周史研究著述中之使用材料分類表〉）。先言紙上，除遍及四部的一切書籍簿冊之外，敦煌抄本及海內外遺文，凡於紙上所見，皆是參考。至於地下，則石鼓文〔註10〕、秦泰山刻石、簡牘、封泥、陶器、兵器、璽印、貨幣〔註11〕……等都是。

上古遙遠難稽，紙上史料雖頗有記載，但虛實錯混，懷疑甚多。地下材料之出現，正是以其正確性，補充紙上材料的不足之處。而紙上材料的豐富眾多與系統詳細為地下材料所不及，則是串連零散孤立器物的最佳依據。兩者的相輔相成，成為民初以來，我國講求史學方法上的一大成就。

3. 文字與非文字

文字足以證史，此不待言；且文字不論書於何種材料，亦皆足以證史。甲金文上的簡言長篇是好史料，封泥璽印上的單文隻字也是好材料。所以王國維說：

> 封泥與古璽印相表裡，而官印之種類則較古璽印為尤夥，其足以考正古代官制地理者，為用至大。（〈齊魯封泥集存序〉）

又王國維在其〈兮甲盤跋〉一文中提到，彝器中記伐玁狁事者有三，即虢季子白盤、不敦、兮甲盤三者，而「此種重器，其足羽翼經史，更在毛公鼎之上」。查毛公鼎銘文全長共四九七字，為今存諸器之冠。而虢季子白盤有一一一字，不敦一五二字、兮甲盤一三二字，三者字數皆不及毛公鼎的三分之一，王國維卻譽其價值遠過之，則顯然字數的多寡，不是決定器物價值高下的因素。這正是不以文字多寡取決史料的明證。

而即使是沒有文字的器物，只要是足以作為參考的，也是好史料。王國維以漢代畫象所圖切肉之器，推定三代俎几之形（〈說俎下〉）；以目驗之古貝遺物，證明朋系古制度（〈說珏朋〉）；以諸吉金彝器之形制，求古器之正名（〈古禮器略說〉諸文）；以吉金之紋飾風格，推斷作器地區（〈王子嬰次盧跋〉）；

〔註10〕北平來薰閣影印民國24年〈古史新證〉手稿本中，本有「石鼓文」一項列於地下材料類下，後來刪去。原本未見，據洪國樑《王國維之詩書學》，頁47所言。

〔註11〕分見初一〈釋史〉、續一〈簡牘檢署考〉、初三〈齊魯封泥集存序〉、初一〈桐鄉徐氏印譜序〉。

以朱鳥畫象及漢朱鳥諸瓦，印證朱鳥即《詩經‧小雅》中「非鶉非鳶」之「鶉」（〈沈司馬石闕朱鳥象〉）……諸如此類，都是王國維不以有文字者為唯一史料的明證。

取用沒有文字的器物，作為歷史研究的材料，這在民初是很少見的。王國維的運用雖然不多，但由於他的引用，配合羅振玉等人的收集成果，例如：《殷虛古器物圖錄》、《古明器圖錄》、《古鏡圖錄》、《雪堂所藏古器物圖》〔註12〕，使得考古器物，不論類別巨細，皆有其表示事實之功能的概念，深入人們心中。而王國維的泛史料論，也很快地就得到了普遍的認同。

王國的泛史料論並未形之於理論，他也沒有將其視為一種學說來倡導。但他的體認很快地在學界形成共識，進而有傅斯年、蔡元培等人的提倡「史學便是史料學」〔註13〕。這一些迴響，除了是時代背景的促成之外，王國維在其研究中實際運用的優秀成果，是另一個更大的原因。他的具體作品呈現了清晰的史料觀念，並示範了指導性的史料運用方法。在舊史學轉型、新史學初興的時候，王國維穩重而成功地調適了史料的定位問題。

二、追求直接史料

王國維雖閱書廣博，但取證尋例無不從最原始的初典中著手。他嚴格要求自我對主要材料與輔助材料的輕重區別。所引用的材料中，地下器物為直接史料，此不多言，其紙上材料，幾乎隨處可見的是《詩》、《書》、三《禮》的引用，因為這是最接近上古人民真實生活的記錄，是較可靠的初典，如其所言「至於《詩》《書》，則書更無古於是者」（〈與友人論詩書中成語書一〉）。出現次數很少的後世傳錄，王國維則僅是取之以為輔證而已。檢視王國維商周史研究論著中所引用的紙上材料（請詳參附錄〈王國維商周史研究著述中之使用材料分類表〉）可以知道，他使用最多的是經部諸書，尤其是《詩》、《書》、三《禮》；而子部、集部則多是僅使用一次者。這現象說明了他對於可靠而接近原始的資料之重視，而對於轉述裁輯之作，則採取較保留謹嚴的態度。

王國維對直接史料的追求，另外可由兩方面看出：

〔註12〕俱具《羅雪堂先生全集》續編冊五、冊六，台北：文華出版社，民國58年。

〔註13〕見傅斯年〈歷史語言研究所工作之旨趣〉。又蔡元培《明清史料甲編》第一冊〈序〉亦云：「史學本是史料學，堅實的事實只能得之於最下層的史料中。」中央研究院歷史語言研究所編輯，台北：維新書局，民國61年再版。

　　其一，是王國維對出土器物的重視。古器物所傳達的歷史訊息，是絕對直接可信的。王國維尋求證據時，能得卜辭必用卜辭，能得金文必用金文，在他商周史的論著中，我們很難找到一篇一章，是完全不用卜辭或金文的。他重視甲骨金文直接史料的心意由此明白可見。

　　其二，是王國維絕大部分的論著篇幅都不長。這除了他有極深厚的文學基礎，文筆準確精練之外，從直接史料著手，直接切入尋求論證，是另外一個節省篇幅的要因。在《詩》、《書》、三《禮》與甲骨金文等直接史料中若得貫通，則論見之成立，已可得半，間接資料之輔證，則可長可略。〈古史新證〉第二章之證禹事，王國維在文末提出說明：

> 夫自〈堯典〉、〈皋陶謨〉、〈禹貢〉皆記禹事，下至〈周書〉、〈呂刑〉亦以禹為三后之一，《詩》言禹者尤不可勝數，固不待藉他證據；然近人乃復疑之，故舉此二器（按：指秦公敦、齊侯鎛鐘二器），知春秋之世，東西二大國無不信禹為古之帝王，且先湯而有天下也。

《書》、《詩》之證據已足夠，為更掃他人疑慮而復求多證，則於古代遺物中尋之。此雙重直接材料的證明，使欲加反詰者難以為言。王國維對直接材料的追求，於其論文中便已毫無掩飾地表現出來了。

　　基於對直接史料的追求，他也很注意材料價值與侷限並存的問題。「古書之某部分全為實錄，即百家不雅馴之言，亦不無表示一面之事實」，簡單數語中，他指出：書籍資料有確為記實的部分，是治史者當善加把握的；然古書中非實錄非事實的部分，亦頗有存在，則是治史者使用材料時當留心的。客觀明白史料本身的價值與侷限，是避免過度濫用與盲目排斥的基本態度。

　　王國維在〈古史新證〉中提出了孔子「文獻不足」的感嘆，以及孟子「於傳有之」「好事者為之」的指斥，這兩點清楚道出了紙上材料另一方面的侷限性：史籍的亡佚流失，造成治史者無米為炊的困擾；而紙上記載有詳有略，經過時空輾轉，又形成疏簡參脫的現象，處處都障礙了紙上史料的使用。但紙上史料欲因此而棄置嗎？此亦不然。對這些問題，王國維早在1913年寫作〈明堂廟寢通考〉時，就已明白分析道：

> 居今日而欲考上古之制度，將安所正哉？自周之衰，禮樂放失，有司失傳於前，諸侯去籍於後；六藝之書，七十子後學所述，固已掇拾于殘闕之後，放廢之餘，欲以窺三代盛時之制，固非易矣。中更秦火，重以挾書之律；漢興以後，其出於山巖屋壁者，或以無師而

學絕,或入祕府而書亡;而齊魯之間以口說傳經者,又多憑臆爲說,家自名其學,學各是其師:豈獨不偏不賅,其相牴牾者亦多矣。然後世之言古制者,舍此七十子後學所述,與兩漢經師之說,無他據焉。故協於彼矣,而或違於此;通於理矣,而或闕於數;異說百出,無所適從;即有調停甲乙之間,斟酌理數之會,而文獻無徵,終不能使人信其必然。……然則晚周秦漢人之書,遂不可信歟?曰:不然。晚周秦漢之際,去古未遠;古之制度風俗,存於實事者,較存於方策者爲多。故制度之書或多附會,而其中所見之名與物不能創造也;紀事之文或加緣飾,而其附見之禮與俗不能盡僞也。故今日所得最古之史料,往往於周秦兩漢之書得其證明,而此種書,亦得援之以自證焉。吾輩生於今日,始得用此二重證明法,不可謂非人生之幸也。」〔註14〕

此一長段對紙上史料價值與侷限的分析,構成了王國維「二重證明法」的基點。價值與侷限的並存,須予分別正視,而一同考慮。這樣的體認,使王國維不會有激烈疑古或盲目信古的偏差行爲,而其謹慎地審視古書,也才是使古書發揮充分而正確作用的不二法門。

對於地下材料價值的宣倡,王國維是頗爲用心的,他的二重證明法,他的投入古學研究,都是受到了地下材料價值的鼓舞。而地下材料亦確有其過人之處:

宋代以後古器日出,近百年之間,燕、秦、趙、魏、齊、魯之墟,鼎彝之出蓋以千計;而殷虛甲骨,乃至數萬。其辭可讀焉,其象可觀焉。由其辭之義與文之形,參諸情事,以言古人之制,未知視晚周秦漢人之說何如?其徵信之度,固已過之矣。如此書(指〈明堂廟寢通考〉)所欲證明者……或亦略見於晚周秦漢人之書,而非有古文字及古器款識,則亦不能質言其可信也。(《雪堂叢刻》本〈明堂廟寢通考·通論一〉)

上古實器實物所呈現的史實,是任何記載所難以抗衡的。

然而,地下材料也有其侷限性。器物即使有銘文,所傳達的,也僅是個別人物或單一事件,其行文又簡省,對於歷史的記載,是止於點之精確,而

〔註14〕此段引文爲《雪堂叢刻》稿本中所原有,王國維編定《觀堂集林》時,則將之刪去。

無法做到面的呈現。也因此，器物的角色，往往是紙上記載的有力加證而已。有某人告王國維，欲全以金文建構上古史，但王國維卻默不作答〔註15〕。可知用力提倡地下材料價值如王國維者，亦深知其侷限。

向來研究商周史的人，多以紙上材料為依據。一直到王國維，紙上材料仍舊是他證史考史的最主要資料。在二重證據法的運用中，古書的使用不僅與器物的使用相等，甚而更頻繁。這樣的現象，是有些學者，例如：吳澤、張舜徽，早已發現了的〔註16〕。但它發生的原因是什麼呢？是不是與王國維所提倡的二重證據法的精神相矛盾呢？或許，我們可以這樣理解：紙上材料受到偏重的原因可以有二：

其一，紙上材料的使用，是研究商周史的傳統道路，而紙上所載古史之豐富，與探採空間之寬闊，更是器物所難以企及的。紙上史料的頻繁使用，是很自然的現象。

其二，我國金石學雖在宋、清二代一度發達，但在王國維之前，始終很少受到史學家大規模的重用。王國維大言標舉出實物史料的文獻價值，且在學界蔚為風潮，但實際上，在當時，對實物史料的開發、整理和闡釋都仍嫌不夠。王國維即使有心要大量利用，客觀的材料環境也大大限制了他。在此情況之下，古書的偏重使用，是必然的現象。

雖然有如上的兩個原因，二重證據法的價值，仍然不受到絲毫的變動。其要點在於：二重證據法的主旨，是在提昇器物的史料價值，使與書籍文獻的價值等量齊觀。書籍優點在博詳，器物優點在真確，即使在實際使用上，古書較頻繁，但器物證史的絕對真確性與必要性，已受到注目與肯定，其證史頻率亦可從此日漸提高〔註17〕。二重證據法的精神和作用已得到發揮，古

〔註15〕見《王譜》卷下。

〔註16〕吳澤〈王國維史學思想述要〉指出：「王國維的『二重證據法』主要還是以古書為主，以新史料證明古書和肯定古史。」上海《華東師大學報》1958年四月期，頁57。

張舜徽《中國史論文集·考古學者王國維在研究工作中所具備的條件、方法與態度》：「他以紙上材料為主，以地下材料為輔。」湖北：人民出版社，1956年一版一刷，頁174。

〔註17〕在早期的商周史研究中，器物通常是證史過程中紙上材料的輔助角色。後來由於器物數量的增加，以及研究成果的進步，卻能反客為主，以多數的地下材料構寫上古歷史。日本學者白川靜的《金文的世界》與《甲骨文的世界》二書，正是這樣的代表。

寫成於昭和四十六年（1971）的《金文的世界》，在其跋文中明白揭櫫：「依

書受到偏重的現象，並不對它構成矛盾。

　　對商周史料之認識，在歷來學者中，或太過謹慎，如金履祥《資治通鑑外編》；或過於寬鬆，如羅泌《路史》，似乎總沒有王國維之體會深刻，也沒有像王國維一樣，在大膽中謹慎力行，其差可比擬者，則唯舉太史公一人而已〔註18〕。治上古史的資料紛雜錯亂，最令治之者困擾。而正因如此，追求直接史料，並認知史料之價值與侷限，便愈發顯得必要了。王國維對史料的深入省思，大大支持了他學術工作時的堅定與精慎，從而形成了他取證確當有力的主要後盾。

第二節　材料之考證

一、辨析年代

　　辨明年代是王國維別擇資料，判定材料適用範圍的一個根本程序，蓋確立資料的時空定點，才能安心放手地從事考證。

　　最明顯具體的例證，是〈古史新證〉中所列的十二種史料，除了《戰國策》及周秦諸子、《史記》兩項之外，其餘自《尚書》以迄《竹書紀年》，王國維無不一一注明其寫作年代，尤其《尚書》，更不辭勞煩地羅列原典篇章〔註19〕。即使是甲骨文字與金文這兩種地下材料，也有僅適用於殷代、或殷

據金文資料重新構成一部西周史的嘗試，是本書寫作的宗旨。」稍後，昭和四十七年（1972）的《甲骨文的世界》，其跋文中也同樣提到：「我們有必要擺脫那些舛誤紛沓的傳說文獻，而根據甲骨、金文等當時的資料重新試寫一部殷周古史。所以我在《金文的世界》裡試做了西周史部分的復原工作；而本書則以甲骨文為資料來推考古殷王朝的構建與其時代的性格。把此二者合併而構成殷周史的骨骼，就是我的意圖了。」溫天河、蔡哲茂譯，台北：巨流出版公司，民國66年。
在歷史研究中要完全拋開文獻，純以器物資料建史，是頗具困難度與危險性的；但是，跳脫紙上傳說的束縛，以甲骨金文為最大依據，推考殷周史的原貌，卻已是可以逐步做到了。

〔註18〕〈古史新證〉中王國維有言：「太史公作〈五帝本紀〉，取孔子所傳〈五帝德〉及〈帝繫姓〉，而斥不雅馴之百家言。於〈三代世表〉，取〈世本〉，而斥黃帝以來皆有年數之〈諜記〉。其術至為謹慎。」

〔註19〕《尚書》等古經書的內容年代問題，向來多有不同見解，其大致情形可參考楊伯峻等所著《經書淺談》，內有簡要說明。台北：國文天地雜誌社，民國78年初版。作品成於當時代者，方可稱原典。雖然書篇寫作時代仍有爭議，但王國維在《古史新證》中述紙上材料之年代時，頗有謂為商周當時文獻者，

周通有的區別。殆史學工作最重要的，是要具有時間的觀念，時間的錯亂，等於歷史的錯亂。商周史材料本已紛雜，年代的辨明與排比，恰好可以使材料得到有次序的系統，以及正確與充分的運用。這對研究商周史而言，是個具有立竿見影效果的資料處理步驟。

年代之確認，方得明白材料可靠的程度，及其歷史的定位。《書》《詩》頗有爲商周當時人所作者〔註20〕，其史料價值自是崇高；《世本》本古史官所記，是參考的好材料，惟今不傳，但有輯本〔註21〕，學者使用時，便應當有「雖《世本》所紀上古之事，未可輕信」（〈鬼方昆夷玁狁考〉）的心理準備；尤其《竹書紀年》是戰國魏人史書，其價值不容質疑，但今書非原本〔註22〕，學者即應謹愼小心。

王國維在〈與沈兼士先生書〉中提出四條「研究發題」，其第四條便是「共和以前年代之研究」〔註23〕，可見得，年代在商周史研究中的重要性。雖然其年代在當時尚未究明，然而對於使用來研究商周史的參考材料之適用年代，王國維卻很講究。

在1915～1916年這兩年中，王國維發表了一系列討論《詩》、《書》的論文，在這些論文討論的主題當中，很明顯的，年代的析辨是一大焦點。1915年的〈生霸死霸考〉，王國維傾全力考證古人月相紀日法，爲後來的材料年代

故此仍用「原典」二字。據其所言，可稱爲宗周之前原典者有三：一爲所指《尚書》中之二十九篇，二爲《詩·商頌》五篇，三爲《易》中之〈卦辭〉、〈爻辭〉。

〔註20〕　參見〈古史新證·總論〉中王國維逐一標列之各篇。

〔註21〕　《漢書·藝文志》著錄《世本》十五篇，原書大約佚於宋元之交。清代學者鉤稽群籍，而有王謨輯本、孫馮翼輯本、陳其榮補訂孫本、秦嘉謨輯補本、張澍粹補注本、雷學淇輯本、茆泮林輯本，王梓材集覽本等。據《世本八種》，台北：西南出版社，民國63年初版。
又《趙譜》四十一歲條云：「時先生撰《殷先公先王考》，頗取資於《世本》，因據《史記·索隱》所引，補《世本》佚文及宋衷注爲孫馮翼輯本所未備者，共得十餘則。」

〔註22〕　西晉武帝時發現汲冢竹書，至兩宋時已亡佚。元明時期輯採各書，而有《今本竹書紀年》。清朱右曾以爲不可信，爲追復古本，乃廣稽群籍所引之文，成《汲冢紀年存眞》。後來王國維加以補正，成《古本竹書紀年輯校》，另成《今本竹書紀年疏證》，證明今本之不可信。見林劍鳴編譯《簡牘概述》，頁9～10。

〔註23〕　四條研究發題是指：一詩書中成語之研究、二古字母之研究、三古文學中聯緜字之研究、四共和以前年代之研究。見初四〈與沈兼士先生書〉，或《書信》，頁333。

閱讀，有了根本的啓發和解決〔註24〕；〈洛誥解〕〔註25〕則借《尚書‧洛誥》，考殷周間史事，對「周公攝政七年」一說長久以來的年代淆誤，給予了重大的釐清。再有〈與林浩卿博士論洛誥書〉一篇，更是以材料適用的年代範圍，作爲規範討論的起點，謂：

> 天子諸侯祭禮既佚，無以定其是非。而〈郊特牲〉等篇又出於七十子後學，即謂作記者親見禮經全文，約之爲是說，然亦僅足以言宗周中葉以後之祭禮，未足以定殷周間之祭禮也；殷周間之祭禮，僅可據《詩》《書》以爲說。

另外，1916 年的〈周書顧命考〉是在「古禮經既佚，後世得考周室一代之大典者，惟此篇而已」的前提下，進行周室儀文節目的注釋；〈說商頌〉兩篇反反覆覆的探討，更是在推求「〈商頌〉諸詩作於何時？」的這個主題。

在地下材料方面，對於金器，1915 年的〈鬼方昆夷玁狁考〉、〈生霸死霸考〉，王國維多次地以器物年代的推定，作爲糾正歷史錯誤的基本依據；由羅振玉於 1916 年出版的《殷虛書契後編》中，王國維尋出兩片卜辭初試啼聲，很科學地利用稱謂的關係，爲甲骨拓片作年代推辨。

在這些多重的事例上，我們可以清楚看出：王國維自從 1912 年決心專治經史之後，至此，他已在材料年代的判斷上，花費了可觀的功夫，但同時，他也獲致了令人敬佩的成績。

對年代進行析辨的過程，無疑的，使王國維對商周歷史的演進有了更明確深刻的掌握。誠如郭沫若所說：

> 時代性沒有分劃清白，銅器本身的進展無從探索，更進一步的作爲史料的利用尤其是不可能。就這樣，器物愈多便感覺著渾沌，而除作爲古玩之外，無益於歷史科學的研討，也愈感覺著可惜。〔註26〕

其實，不僅銅器如此，一切材料，如果其時代沒有予以清楚畫分，同樣很難更進一步作爲考史證史的依據，即使勉強使用，其結論可靠性也不免要引人

〔註24〕對於金文月相的討論，學者們多都各有其說，然如《王譜》，頁 138 引藍文徵說：「學者間仍多難先生說。」一般所較能接受的，還是王國維在〈生霸死霸考〉中所陳述的看法。

〔註25〕印入《雪堂叢刻》時原題名〈洛誥箋〉，編入《觀堂集林》時改題〈洛誥解〉，內容亦有修正。

〔註26〕載郭沫若《青桐時代》（中華出版社，1954 年），轉引自容庚、張維持《殷周青銅器通論》，台北：龍泉書屋，民國75年，頁 11。

質疑。辨明材料年代的重要性，因此可見一般。

　　雖然史料愈古，年代的考證愈困難，但王國維深知此道實至緊要，因此仍然不加逃避予以深究，尤其是甲骨金文的斷代，前人皆不甚注重，王國維自尋途徑解決問題，更可謂是此門學問的先鋒大將了！至於王國維如何來判斷材料的年代呢？在金器方面，洪國樑《王國維之詩書學》中已有所研究〔註27〕，此不贅述。謹就甲骨與書籍兩方面略陳所見：

（一）甲　骨

　　王國維對甲骨斷代的研究並不多，但他能自創途徑地以「稱謂」爲標準推定甲骨之年代，是甲骨斷代學上的第一人。在《殷卜辭中所見先公先王考》中之〈祖某、父某、兄某〉一節中，他成功地判斷了《殷虛書契後編》卷上的兩條卜辭：其一在第十九葉：

　　　　「癸酉卜貞王賓父丁卲三牛眔兄己一牛兄庚口口亡口」

王國維即以兄己兄庚的稱謂，推考於商時諸帝中合於此者，謂「凡丁之子無己庚二人相繼在位者，惟武丁之子，有孝己，有祖庚，有祖甲」，而得出此條「乃祖甲時所卜」的結論。其二在第二十五葉：

　　　　「父甲一牡父庚一牡父辛一牡」

他利用先前研究卜辭所歸納出的「父者，父與諸父之通稱」的通則，立即判斷這條卜辭「當爲武丁時所卜」，因爲「父甲、父庚、父辛即陽甲、盤庚、小辛，皆小乙之兄，而武丁之諸父也。」這兩個例子，王國維都以稱謂決年代，既科學又正確，爲後來甲骨斷代的工作建立了一個好的開始。〔註28〕

（二）書　籍

　　粗略歸納，可知有幾種原則方法：

〔註27〕洪國樑歸納王國維彝器斷代的方法有五：一則據政治情狀推之，二則據彝器所載人物推之，三則據出土地推之，四則據字體文辭推之，五則據曆法推之。並各爲之舉例。

〔註28〕王國維以稱謂定甲骨年代，是我國甲骨斷代的第一人。可惜能施行此法的甲骨有限，無法推廣。但後來董作賓在此基礎上，提出了一、世系；二、稱謂；三、貞人；四、坑位；五、方國；六、人物；七、事類；八、文法；九、字形；十、書體的十種斷代標準，總算在甲骨斷代上有了進一步的突破，也彌補了王國維當時的不足與遺憾。請參考董作賓〈甲骨文斷代研究例〉，見民國22年《中央研究院歷史語言研究所集刊外編・慶祝蔡元培先生六十五歲論文集》，頁323～424。

1. 承用前人成果

古書年代的考證，歷來都有學者從事研究，尤其有清一代，考據之學更達顛峰。王國維留心版本目錄校勘，且熟悉清代學術，前人已得之結論，思之無誤當用之。〈古史新證〉中之《詩》、《書》、《易》、《春秋》等之年代，即大多為前人的成說定見。

2. 依歷史為斷

如〈高宗肜日說〉，王國維仔細釐清孝己雊雉之變的時間歷程，謂：

> 孝己既放棄不得立，祖庚之世知其無罪而還之，孝己上不懟其親，下則友其弟，因雊雉之變而陳正事之諫。殷人重之，編之於書，然不云兄己、父己，而云祖己，則其納諫雖在祖庚之世，而其著竹帛必在武乙之後。

並由確定《尚書·高宗肜日》一篇著成於武乙之後，而用以證明「高宗肜日不得為武丁祭成湯」。

3. 推算法

例如〈說商頌上〉，王國維蒐集《左傳》、《世本》、《潛夫論·氏姓志》中關於正考父的記載，再羅列當時諸君王的相對年代，從而上下推求，終而得出「（正考父）恐不必逮事戴公，即令早與政事，亦當在戴公暮年。」再如〈史籀篇疏證〉，亦由器銘推比篆籀之文而定史籀乃周秦間西土文字。

4. 掃疑法

〈說商頌上〉為考〈商頌〉作於何時，王國維採取了逐一掃除疑誤的辦法。首先，他清理出各詩家、《史記》等異說，比觀而知韓說乃誤；次以「漢以前初無校書之說」的理由，訓詁〈魯語〉，謂〈商頌〉乃正考父所獻，再以數據推算法考正考父之時代，最末以「先聖王之傳」，確定〈商頌〉乃考父所獻，而非所作。如此層層掃疑而下，〈商頌〉著作時代因而大明。又如〈古本竹書紀年輯校〉，更是逐條校證掃疑。

5. 以時代語為斷

〈說商頌下〉王國維取卜辭與商頌相比較，從時代的稱名、用語之異，而定〈商頌〉為宗周中葉宋人所作。〈與林浩卿博士論洛誥書〉中謂「洛誥時代去商甚近，其所云王賓當與卜辭義同」，亦秉此法。〈周開國年表〉謂《周書·度邑解》「淵懿古奧，類宗周以前書……自為實錄」，也類同此法。

二、釋讀文字

吳其昌述其師王國維之學曰：

> 先生之學，其目的則在古史；其根據則在小學。其於小學也，其關
> 鍵則在《說文》；其根據則在古文字學。（〈王觀堂先生學述〉）

這一段話頗能代表王國維治學之層級，而且可知，文字聲韻實在是王國維史學的基礎工具！

1911 年春天，王國維撰成〈隋唐兵符圖錄附說〉，是他治理古器物之學的開始〔註 29〕。隨羅振玉東渡日本，決心專治經史之後，因協助羅振玉整理藏書，時常以古文字之學相問答，又得盡閱羅氏所藏諸拓本，王國維的古文字之學於焉展開。〔註 30〕

王國維治古文字學所踏出的第一步，是 1914 年《宋代金文著錄表》與《國朝金文著錄表》的完成。這兩份目錄的內容雖然非關文字之考釋，但收錄器物多以有銘文者爲對象。此一檢閱過程，正好是達到「盡覽宋、清人金文著述」（《書信》，頁 40）的一條捷徑。金文著錄雙表的完成，不僅總體呈現了兩宋以來金文之學的盛況，爲後人提供了金文索引的便利；也使王國維爲自己的商周研究，打下了紮實的基礎。〔註 31〕

王國維第一次眞正發表的古文字考釋成績，是於 1915 年，在羅振玉出版的《殷虛書契考釋》中被採錄的二十四條意見。這二十四條意見，在王國維往後的論文中，幾乎都曾先後或單篇或合釋地再予詳細論述，論點則幾乎未曾更改過。王國維對古文字考釋能力的捷悟與精準，在此表露無遺。（請參附表：《殷虛書契考釋》引王國維意見表）

〔註 29〕《趙譜》三十五歲條記載：「春日撰〈隋唐兵符圖錄附說〉成。案，先生之治古器物學自此始。後丁巳年（1917）重訂此文，爲〈隋虎符跋〉、〈僞周二虎符跋〉，入《海內外雜文》中刊之。」

〔註 30〕王國維〈國朝金文著錄表序〉：「國維東渡後，時從參事問古文字之學，因得盡閱所藏拓本。」

〔註 31〕《王譜》，頁 121：「先生於金文著錄表完成後，羅振玉又勸先生通釋古金文，後以應哈同之聘，未能完成。又其後先生以治他業，至歿之日，終無暇再治金文。」王國維於金文著錄雙表之後，除了〈觀堂古金文考釋〉五篇，以及爲證史而作的零星簡短的金文推考之外，並無其他顯明的著作成果。因此也不免令人爲之感到惋惜！誠如許冠三在其《新史學九十年》，頁 103 中所言：「輪替迴環操作誠然是好事，不過，一旦流爲經常更換題材，就難免不失之於淺嘗即止了。」

《殷虛書契考釋》引王國維意見表

《殷虛書契考釋》引王國維	卷 頁 次	《王國維先生全集》所見
1. 唐即湯	卷上頁 3	〈殷卜辭中所見先公先王考〉 〈戩壽堂所藏殷虛文字考釋〉
2. [illegible]釋爲土，即相土	5	同上
3. [illegible]釋爲季，即冥	6	同上
4. [illegible]釋爲王亥	6	同上
5. [illegible]釋爲王恆	7	同上
6. [illegible]釋爲上甲	7	同上
7. [illegible]釋爲旬	卷中頁 7	〈釋旬〉、〈戩釋〉
8. [illegible]釋爲邦	7	〈戩釋〉
9. [illegible]釋爲西	14	〈釋西〉、〈戩釋〉
10. [illegible]釋爲右	19	〈戩釋〉
11. [illegible]釋爲王	19	〈戩釋〉
12. 引《呂氏春秋・古樂篇》證商人服象	31	〈觳卣跋〉
13. 鳳即風	32	〈戩釋〉
14. 散、斝爲一物	38	〈說斝〉
15. [illegible]釋爲喪	43	
16. [illegible]釋爲罤	50	〈戩釋〉
17. [illegible]釋爲羉	50	
18. [illegible]釋爲罝	50	
19. [illegible]釋爲毓	52	〈殷卜辭中所見先公先王續考〉
20. [illegible]釋爲昱	77	〈釋昱〉、〈戩釋〉
21. 衣爲祭名	56	〈殷禮徵文〉、〈戩釋〉
22. 先公先王皆祭而不祧	58	同上
23. 先妣亦特祭	58	同上
24. 卜辭所紀祭事多內祭，外祭則知有祭社二事	卷下頁 60	同上

此後，王國維大規模展現其古文字考釋成果的，則是在古字書考釋、古金文考釋、《戩壽堂所藏殷虛文字考釋》三方面：

（一）古字書考釋

其中包括了〈史籀篇疏證・敘錄〉、〈重輯蒼頡篇〉、〈校松江本急救篇〉三篇。

字書創於〈史籀篇〉，其後〈蒼頡〉、〈凡將〉諸作繼出，然而「古字書存於今日者，在漢惟〈急救〉、《說文解字》；在六朝惟〈千字文〉與《玉篇》耳。」（〈重輯蒼頡篇序〉），在中國文字走向統一的路程中，〈史籀篇〉等早期字書，正好扮演了由「文各有體」到「書同文」之間，過渡時期的文字記錄。要由現今文字探索古文字，諸如此類的字書，恰是最好的橋樑。

〈史籀篇疏證・敘錄〉中，王國維以《說文》為主，另以金文、甲骨文、及其他書籍，相互疏通證明，逐字加以考釋，務求每一字之形音義的貫通。工作雖繁，但對古籀文的認識，卻因此而更加深刻；對於辨識甲骨金文，亦必有直接的幫助。在〈敘錄〉中，王國維從音韻訓詁上，力證〈史籀篇〉並非作於周宣王時，而「史籀」二字更不是人名。他又從古來諸書的記載，以及文字的體勢上，推求出「戰國時秦用籀文，六國用古文」的驚人結論，成為我國文字學上的一大革命〔註32〕。這樣的工夫和成績，強烈透露了：王國維對我國文字發展脈絡的掌握，以及個別文字解析的深入與靈活。

〈重輯蒼頡篇〉與〈校松江本急救篇〉二作，雖是王國維治簡牘校勘之學的成果。然而藉由這兩篇作品的整理過程，相信必幫助王國維更加了解字書的演進系統，並由此而上推於更古早的文字。

（二）古金文考釋

此中包含的，是自 1915～1926 年，王國維在橫跨十一年的時間內，所寫成的六篇吉金銘文考釋：〈不嬰敦蓋銘考釋〉（1915）、〈毛公鼎銘考釋〉（1916）、〈散氏盤銘考釋〉（1924）、〈盂鼎銘考釋〉（1926）、〈克鼎銘考釋〉（1926）、〈兩周金石文韻讀〉（1917）。前五者且結集定名為〈觀堂古金文考釋〉〔註33〕，末者則專論金石文字之音韻，欲以「證近世古韻學之精密」（該文〈序〉）。

〔註32〕參見《全集・附錄》周予同〈追悼一個文字學的革命者——王靜安先生〉與徐中舒〈靜安先生與古文字學〉。

〔註33〕大通書局《王國維先生全集》初編十一集目錄之〈觀堂古今文考釋〉之「今文」，當為「金文」之誤。

〈觀堂古金文考釋〉五篇，都是銘文字數超過一百五十字以上的長篇〔註 34〕，王國維逐句考釋，不僅及其形音義，更著力於發掘古代歷史制度。若非通曉小學與史學，當不敢貿然攬之。而透過對金文通篇作深入的考釋，也加深了王國維在古文字學方面的功力。

〈兩周金石文韻讀〉則是意在以金石文字用韻之研究，補前人囿於文獻的缺漏。共識金文三十七器，石鼓文一組十個。在應用上，他支持王念孫與江有誥的古韻二十二部之說，認爲「古音二十二部之目，遂令後世無可增損。」（〈周代金石文韻讀序〉）〔註 35〕。考文字必須通音韻，王國維熟習清人古韻之學，又能自理金石古韻之用，這對他在古文字考釋上，具有莫大的助益。王國維經常地以通假之例釋讀文字，正是他大量運用音韻學基礎的結果。

（三）《戩壽堂所藏殷虛文字考釋》

這是王國維考釋甲骨文字唯一的一部著作，也是我國最早的圖文並刊的甲骨拓本考釋。〔註 36〕

《戩釋》中，王國維依照拓片順序與契刻行款，隸定了絕大部分的甲骨文字，使讀者可以對照參看〔註 37〕，間或考字考史於其可得之處。這些考釋之中，很有一些重要的論點，有些是從前在《殷虛書契考釋》中發表過的（請見附表：《殷虛書契考釋》引王國維意見表）。但也有部分是首見的，例如：第一葉第十片與《殷虛書契後編》第十四片的甲骨綴合，便是我國甲骨綴合的開山〔註 38〕；再如殷先公中的中宗祖乙也是僅見於此篇之中。〔註 39〕

〔註34〕據〈國朝金文著錄表〉如：不娶敦銘文共一百五十二字，毛公鼎銘文共四百九十七字，散氏盤銘文共五百五十七字，盂鼎銘文共二百九十一字，克鼎銘文共二百八十九字。

〔註35〕其實在王念孫、江有誥，甚至王國維之後，古韻分部的工作仍在持續著，章太炎的二十三部，黃侃的二十八部，都比二十二部要更爲精密。

〔註36〕王國維《戩釋》之後，有 1920 年王襄的《簠室殷契類纂》，此外的考釋之文則需待至 1933 年商承祚的《福氏所藏殷虛文字考釋》之後。

〔註37〕即使是如此地依次考釋，而錯漏之處，仍在所難免。嚴一萍《戩壽堂所藏殷虛文字考釋》（台北：藝文印書館，民國 69 年初版）一書中，便曾按照王國維的軌跡，逐一搜檢，而發現了不少漏釋、誤釋之處。但此乃著作所難避免，且當時亦有其客觀的限制，如：拓本太過模糊、甲骨學方才起步……等。暇不掩瑜，是我們對《戩釋》之作應有的認識。

〔註38〕王國維此一綴合，便是有名的自上甲以至示癸的六示卜辭。董作賓又取劉體智所藏的一片甲骨連綴在一起，構成自上甲以至祖乙的十示卜辭。吳其昌在其《殷虛書契解詁》中又於旁隙處加以添補（台北：文史哲出版社，民國 61

　　《戩釋》中的考釋內容，主要有三大項：一為文字之考訂，二為殷先公先王之推釋，三為殷禮之論徵。明白可見：《戩釋》一書中的文字考定，固為其最主要項目，但並非唯一目標，並由文字以推史學，恐怕才是王國維真正心意的所在。《戩釋》具體呈現了王國維考釋甲骨文字的過程和成果。而且，考釋甲骨文字的工作，累積到了王國維的《戩釋》，亦已可謂「十得五六」了。〔註40〕

　　另外值得特別提出的，是《觀堂集林・藝林六》中考古文字的諸篇文章。這些作品最是短小精悍。其中大多數的見解，至今仍為不易之論。原因

　　年初版）。茲將《殷虛書契解詁》，頁12中吳其昌摹形補字畫片，附列於下，以便對觀：

殷虛書契解詁

〔註39〕例如第三葉第四片：「中宗祖乙牛吉」，王國維在其《考釋》中說：「此云中宗祖乙，與自來尚書說全異。」

〔註40〕抗父說：「自殷虛文字出，瑞安孫仲容氏讓即就《鐵雲藏龜》考其文字，成《契文舉例》二卷（書成於光緒甲辰，越十三年丁己，羅君得其手稿印行）；雖創獲無多，而殷虛文字之研究，實自此始。嗣是羅君之《殷商貞卜文字考》（宣統庚戌）、《殷虛書契考釋》（甲寅）、《殷虛書契待問編》（丙辰）、王君之《戩壽堂所藏殷虛文字考釋》（戊午），先後成書；其於殷人文字，蓋已十得五六。」引自《王譜》，頁169。

除了因爲王國維學術觀察力的精敏，也更因爲了他在材料與方法上的掌握。其諸篇所依材料，必含《說文解字》、卜辭、金文三者，即使是單一文字，他也充分地使用二重證據法。因此，才往往能篇幅短小，而結構緊密，證據眾多；所論之事雖微，而結果可觀，引人側目。

至於考釋古文字的方法，王國維在〈毛公鼎考釋序〉中，曾以多年的研究心得，歸納自述道：

> 苟考之史事與制度文物，以知其時代之情狀；本之詩書，以求其義例；考之古音，以通其義之假借；參之彝器，以驗其文字之變化。
>
> 由此而之彼，即甲以推乙，則於字之不可釋，義之不可通者，必間有獲焉。然後闕其不可知者，以俟後之君子，則庶乎其近之矣。

這一段話總體概述了治古文字學的基本方法〔註 41〕，往往爲學者所引用持守。以這一段自述配合王國維的作品我們可以爲他的文字考釋（包括紙上地下的一切古文字）方法歸結出五項原則：

1. 通《說文》，以辨字形。
2. 明音韻，以貫通假。
3. 本《詩》《書》，以求義例。
4. 考歷史，以知時代。
5. 參實物，以驗變化。

王國維在前代小學的基礎上，融合了新材料與新見識，因此能輝煌其古文字學的業績，作爲商周史研究的有力根據。

第三節　材料之會通與運用

一、會通二重證據法

王國維在材料會通上最鮮明重大的成就，首推二重證據法。二重證據法在 1913 年，王國維初治經史之學，寫作〈明堂廟寢通考〉時，便已深刻體悟而爲文提出〔註 42〕。此後十二年，王國維不斷地以二重證據法，在自己的研

〔註41〕1916 年 8 月 27 日王國維致羅振玉書（《書信》，頁 109）中即言：「今日自寫《毛公鼎考釋》畢，共一十五紙，雖新識之字無多，而研究方法則頗開一生面。」

〔註42〕今本《觀堂集林》中之〈明堂廟寢通考〉，較之原刊《雪堂叢刻》本所載，減

究工作中，身體力行著。直到 1925 年〈古史新證〉的發表，更提綱契領，立名規範，正式加以倡導。這是王國維累積學術見聞與經驗，所萃取出來的治學精華。而此一則治學方法，竟成爲日後研究商周史的唯一路徑。〔註43〕

王國維處理商周史材料時，最爲堅持，也最精采的，正是這會通二重證據法的觀念與手法。〈古史新證〉中，王國維批評疑古派：

> 其於懷疑之態度及批評之精神，不無可取。然惜於古史材料，未嘗爲充分之處理也。

並緊接著提出二重證據法。這兩者之間，明白展露了一個重要的訊息，即：持二重證據法，古史材料方得其充分之處理；古史材料欲得充分之處理，當時二重證據法以治之。二重證據法的主旨，不僅僅在提昇地下材料與紙上材料的同等重視，同時也說明，材料二重會通的必要性。

二重證據法意味著：取材的二重，以及觀察的二重〔註44〕。所謂取材的二重，是指紙上材料與地下材料的搜取應用；所謂觀察的二重，是指同源史料的博證，以及異源史料的比證。王國維實踐二重證據法的第一篇作品，是〈明堂廟寢通考〉，而這也是他研究商周史的第一篇作品。在〈明堂廟寢通考〉中，王國維已將紙上與地下材料打成一片，反覆地從不同材料的觀察點，推證古代宮室之制。他採用了古經典與後人述作，也採用了卜辭與金文。雖然在這篇將近六千字的作品當中，他一共選用了四十七種書籍或文章，卻僅用了《殷虛書契》中的兩條卜辭，以及十二種吉金彝器（請詳三章一節附表：〈明堂廟寢通考〉使用材料與其次數表），紙上與地下材料的使用頻率懸殊，但這不啻爲一個好的開始。在往後的商周史研究中，王國維一直沿用著這個方法，不曾放棄過，而且因此獲得很好的效果。〈殷卜辭中所見先公先王考〉及〈續考〉，便是此中最成功有名的例子。在文中，王國維利用卜辭糾正了《史記》等書的錯誤，實證了我國商周信史的存在，這一巨大貢獻，非二重證據法不

　　少了九段。其前三段卻是王國維所立名提出的「二重證明法」。在這裡，王國維款款敘述，明白動人。與後來在〈古史新證〉中提出「二重證據法」的意簡言賅，不可同日而語。

〔註43〕程光裕、王吉林〈近六十年國人對先秦史的研究〉，《史學彙刊》第四期，民國 60 年 12 月，頁 164。

〔註44〕關於二重證據法中之內涵，沃興華《王國維學術研究論集（二）·論王國維的二重證據法》，頁 267 中則認爲：「二重證據法中二重的內容應當指史料的形成特色，即都是獨立觀察的結果。所謂二重當指觀察的二重，而不是史料的類別。」

足以爲功。

二重證據法的施行，有兩大要項：一爲羅觀諸證，二爲溯源釋疑。這是羅振玉所言「其（指王國維）術皆由博以返約，由疑而得信」〔註 45〕的具體而微。

（一）羅觀諸證

這是備求資料的步驟，亦即將書籍、實物上的相關材料，搜羅齊備以待裁用。王國維治學專勤，記憶力又好〔註 46〕，研究某一專題，常能將有關資料集中起來，取其最有力者，或論其得失，或互相校補。例如〈殷卜辭中所見先公先王考〉中之考王亥，先是羅觀甲骨中屢見的王亥之卜辭，繼而將古籍中可能是王亥的記載，一一提出，然後相互論證糾疑補正之。數量太多時，則概括次數，或強化論證，或獨出特例。

王國維廣博地搜羅相關資料，從而在資料之間尋其關係，得出結論，並持以判別眞謬。紙上與地下材料何其眾多，尤其卜辭金文更是紛雜離碎，但王國維卻能將相關可用的部分，精要地挑撿出來。這功夫看似容易，其實，若非具備細膩的心思與深厚的學養，則恐難勝任。王國維雖非過目不忘，但憑其親身踏實的書籍、甲骨、金文的整治經驗，他對材料的熟悉，自易較一般人略勝一籌。因而隨著治學時間的增長，他在文章中對二重史料的觀察和應用，與在頻率與靈活度上，都愈來愈熟練了。

（二）溯源釋疑

考究材料的淵源與演變過程，是王國維極爲留心的。在文章中，我們常常可見到他歷數所言資料的著成出現，或是傳拓過程。了解資料的內外性質，是王國維掌握資料之觀察的一大捷徑。他追溯資料的經歷，使他能更了解材

〔註45〕《觀堂集林・羅振玉序》。其實，《觀堂集林》卷首之羅振玉、蔣汝藻二序，或皆王國維所自擬。1923 年 6 月 10 日王國維致蔣汝藻的書信中，明白提到：「敝集雪堂一序已代撰就，後由其改定數語。大序屢擬增改訖無善，恐即此已妥，再加反爲蛇足，未識公意如何？」（《書信》，頁 351）

〔註46〕徐中舒〈追憶王靜安先生〉有言：「有一次先生曾爲余等誦辛幼安〈摸魚兒〉〈賀新郎〉二詞，此二詞膾炙人口，而先生倉卒間誦之，皆有遺脫，以此知先生不善強記，其謹嚴精深之學，殆皆由專一與勤苦得來。」
王德毅駁道：「據蔣穀孫先生見告，云先生腦大聰明，記憶力特強，雖上千卷的《太平御覽》、《冊府元龜》，欲查某事，一索即得。此處所云不善強記，未盡屬實。」（《王譜》，頁 409）

料的可用性。

　　例如對吉金彝器，在金文著錄雙表中，他首先將著錄諸家、名實之異、眞僞之辨，作了一番初步的整理﹝註47﹞。在諸器跋文中，則我們常見的是，他一開頭便敘述此器之舊藏與今藏。此一記述看似無關緊要，其實正顯示王國維對此器的深入關懷；而這樣的關懷，則促進了他對此一器物的深入了解。值得注意的是，這些舊藏與今藏，有一部分是指與王國維同時代的人士。其錄之於書，或有或否，則王國維治學之非從書本單一取得，甚從生活中留心取用，是很明顯的。（請詳參附錄：王國維商周史研究著述中之使用材料分類表）

　　譬若出土地點，就曾成爲他持以考史的依據。〈散氏盤跋〉中藉克鼎之出土地，考得散氏盤之可能出土地，進而據以考究周初古地理；〈邵鐘跋〉則以邵鐘出榮河，推證「邵爲呂錡之呂」，並呂梁地名之輾轉；〈攻吳王夫差跋〉是以此器出於晉地，而懷疑「或黃池之會所遺棄歟？」試圖爲器物年代作更精確的推論。﹝註48﹞

　　二重證據法是由商周史的研究中發展出來的，然而學術發展至今，不僅商周史的研究必依循此道路而行，任何一個歷史階段的研究，也幾乎都可倚賴二重證據法來進行了。研究商周史必須會通二重證據法，會通二重證據法即可便利研究所有的歷史。

二、運用科學的史學方法

　　身爲史學家時期的王國維，他依其對材料的認識和考辨，所運用的是將西方融入中國的一種科學的史學方法。對於科學，王國維認爲是與史學相輔相成的一門學術，他說：

> 治科學者，必有待於史學上之材料，而治史學者，亦不可無科學上之知識。（〈國學叢刊序〉）

這正意味著，治史不可無科學之識，而科學亦不可無史學之資。在商周史的研究上，科學的史學方法成爲了王國維裁縫紛雜史料的一把利剪，由它完成

﹝註47﹞ 金文著錄雙表的內容，其實涵括了：器制分類、名實同異、字數算計、銘文位置、眞僞考辨、前說糾誤、文字釋略、存佚簡說、版本、年代……等。

﹝註48﹞ 屬此類者尚有〈克鐘克鼎跋〉、〈鑄公簋跋〉、〈商三句兵跋〉。唯末者於王國維晚年似乎對出土地之說，有所更改。參見姚名達〈友座私語〉，及《王譜》，頁193。

了一件件令人驚嘆的成品。

　　所謂的科學是什麼呢？王國維曾在〈論新學語之輸入〉文中提到：

> 我國人之特質，實際的也，通俗的也；西洋人之特質，思辨的也，
> 科學的也，長於抽象而精於分類，對世界一切有形無形之事物，無
> 往而不用綜括（Generalization）及分析（Specification）之二法。

殆在王國維心目中，西方之綜括與分析二法，足為科學之代表。〔註49〕

　　王國維早年研習西方學術，受到西方邏輯科學的影響甚深。他酷愛康德、尼采、叔本華，對於先驗論、唯意志論、悲觀主義、超人學說……等哲學思想，都頗有接受〔註50〕大約五年的時間〔註51〕，他都在西方哲學的領域上傾注心力。而哲學本來就注重思辨邏輯的訓練，它對於治學的影響，恰如王國維自己所說：

> 不研究哲學則已，苟有研究之者，則必博稽眾說，而唯真理之從。
> 其有奉此說者，雖學問之自由獨立上所不禁。（〈奏定經學科大學文
> 學科大學章呈書後〉）

以哲學為基底而轉治他學，則治學訓練已成，影響亦遠。即王國維亦曾自白道：

> 哲學上之說，大都可愛者不可信，可信者不可愛。余知真理，而余
> 又愛其繆誤，偉大之形而上學，高嚴之倫理學，與純粹之美學，此

〔註49〕科學與史學不同，但科學可以輔助史學的研究。科學方法之應用於史學研究，除了綜括與分析，其實還可以包括：觀察、實驗、比較……等。可參考杜維運《史學方法論》第三、四章。

〔註50〕王國維不僅在心靈上接納這些西方哲人的觀念，並且也發之為文，為之宣揚與應用。1903年的〈汗德像贊〉、1904年的〈論叔本華之哲學及其教育學說〉、〈叔本華與尼采〉、〈書叔本華遺傳說後〉……，在在都將他們的學說，推薦給國內知識界，尤其1904年的〈紅樓夢評論〉，更是以叔本華學說為立論依據來評論中國古典小說代表作〈紅樓夢〉，引起學界極大的震撼。而王國維也就如蕭艾《王國維評傳》，頁38所說：「成為近代史上引進叔本華與尼采學說的第一人。」

〔註51〕指1902～1907年間。王國維〈三十自序一〉曾云：「留東京四五月而病作，遂以是夏歸國。（按，1901年秋，王國維首度出國，留學日本東京物理學校。1902年夏，病腳氣而返。）自是以後，遂為獨學之時代矣。體素羸弱，性復憂鬱，人生之問題，日往復於吾前，自是始決從事於哲學。」1907年，王國維三十一歲，在〈自序二〉文中述其疲厭於哲學之故，並謂：「余疲於哲學有日矣。……而近日之嗜好，所以漸由哲學而移於文學，而欲於其中求直接之慰藉者也。」而且自此之後，王國維似乎也已絕筆於西人哲學的宣倡了。

吾人所酷嗜也。然求其可信者，則寧在知識論上之實證論、倫理學
上之快樂論，與美學上之經驗論。(〈三十自序二〉)

王國維由早先的純粹哲學，轉而至實證的史學，其關係是相承相續的。

王國維對西方科學方法的運用，其弟王國華於所作先生〈遺書序〉中曾
有所憶析：

先兄治學之方，雖有類於乾嘉諸老，而實非乾嘉諸老所能範圍。其
疑古也，不僅抉其理之所難符，而必尋其偽之所自出；其創新也，
不僅羅其證之所應有，而必通其例之所在。此有得于西歐學術精湛
綿密之助也。

可知，王國維治學之方主要有二：一為乾嘉之學，二為歐西學術，即西方科
學方法。王國華在文中所言疑古之法，殆指分析之方；創新之法則若綜合之
方。這與王國維的成果呈現，是一致的。另外，王國華的言下之意，則似乎
透露著：王國維比乾嘉諸老更為超越，而其原因在於，他應用了西方精湛綿
密的科學方法。

但科學的治學方法單單只是西方才具有嗎？不，所謂：

凡記述事物而求其原因、定其理法者，謂之科學。(〈國學叢刊序〉)

科學方法……只不過「尊重事實，尊重證據」；在應用上，科學方法
只不過「大膽的假設，小心的求證」。(《胡適文存（三）‧治學的方
法與材料》)

合於上者，皆可謂之具有科學精神。故科學不是西方專利，尋之中國，本亦
可得也〔註52〕。就治學方法上而言，則有清乾嘉之學，應可當之無愧矣！

乾嘉之治學是否真就是科學方法呢？大體而言，這是肯定的。因為乾嘉
之學所標榜的「實事求是」〔註53〕，正是要求「言必有據，據必有信」的一
種「無徵不信」的主張，這與胡適先生所說的「尊重事實，尊重證據」的原
則，是相互一致的。杜維運在其《清史學與史家‧清乾嘉時代之歷史考據學》

〔註52〕中國之科學精神，一般雖謂之不及西人，但不可因而謂中國無科學精神，更
　　　　不可謂中國無科學。英國李約瑟所著《中國之科學與文明》，便是最好的證
　　　　明。

〔註53〕杜維運研究清乾嘉時代歷史考據學派，謂其理由基礎有三，簡言之，乃：一
　　　　為為古人訂誤考疑，二為將史之茫昧樛葛處，疏通而證明之，三為實事求是。
　　　　詳見杜維運《清代史學與史家‧清乾嘉時代之考據學》，台北：東大圖書公司，
　　　　民國73年初版。

一文中指出：

> 乾嘉之史學，卓然超越於前代者有二：一曰徵實之精神，二曰客觀
> 之研究方法。（頁 273）

> 推究其最普遍利用之方法有二：一曰歸納法之充分利用也，二曰輔
> 助科學之廣泛利用也。（頁 276）

杜維運的研究，正可以具體說明乾嘉學術之為科學的所以然。而他以上所指
出的，我們也可以很清楚的在王國維的作品中，看到同樣的特性。他的運用
分類法〔註 54〕，他的廣納中西諸學，他的參驗器物，他的羅證闕疑，都無不
是謹承著乾嘉的精神與方法而來。

王國維治商周史以小學為依據，其小學又以乾嘉為門鑰。戴震所言：

> 經之至者道也，所以明道者詞也，所以成詞者字也。由字以通其詞，
> 由詞以通其道，必有漸。〔註 55〕

這段話不僅是乾嘉諸老治學之道最具代表性的說法，也是王國維治學所謹守
的門道。王國維修習乾嘉之學的情況，羅振玉曾從旁記載道：

> 初公治古文辭，自以所學根柢未深，讀江子屏《國朝漢學師承記》，
> 欲於此求修學塗徑。予謂江氏說多偏駁，國朝學術實導源於顧亭林
> 處士，厥後作者輩出，而造詣最精者為戴氏震、程氏易疇、錢氏大
> 昕、汪氏中、段氏玉裁，及高郵二王，因以諸家書贈之。公雖加流
> 覽，然方治東西洋學術，未遑專力於此。課餘復從藤田博士治歐文，
> 並研究西洋哲學、文學、美術，尤喜韓圖、叔本華、尼采諸家之說，
> 發揮其旨趣，為《靜安文集》，在吳郡所為詩詞，在都門攻治戲曲，
> 著書甚多，並為藝林所推重。至是，予乃勸公專研國學，而先於小
> 學訓詁植其基。（〈海寧王忠愨公傳〉）

因此，謂乾嘉之學為王國維治商周史的主要方法，當不為過。

〔註 54〕 羅振玉〈集蓼編〉中有言：「本朝經史考證之學，冠于列代。大抵國初以來，
多治全經，博大而精密略遜；乾嘉以來，多分類考究，故較密于前人。予在
海東，與忠愨論今日修學，宜用『分類法』。故忠愨撰〈釋幣〉、〈胡服考〉、〈簡
牘簡署考〉，皆用此法。」王國維在後來商周史的研究過程中，也同樣利用分
類法來治理甲骨金文，利用分類法來考證名物利度。他能在商周史研究中每
每有精深獨到的創發，與其使用分類法是有密切關係的。

〔註 55〕 見《戴東原先生全集・戴東原集・卷九・與是仲明論學書》，台北：大化書局，
民國 67 年景印初版，頁 1098。

徐中舒曾對王國維實證的史學方法作過一番分析，他說：

> 先生的做學問，不鈔說，不雷同，往往窮搜冥討，自尋途徑。每創
> 一說，立一義，必待新材料與舊材料完備齊集，然後再加以大膽的
> 假設，深邃的觀察，精密的分析，卓越的綜合，務使所得的結論與
> 新材料舊材料恰得一個根本的調和。這種實證的方法，謹嚴的態度，
> 只有在先生的著作裡可以看到。〔註56〕

「對於現代文化原動力之科學精神，全部默契，無所抵拒」的王國維，正是
這樣的以科學的史學方法來治理商周史，才能達到「篇篇都有新發明」的高
難境界。〔註57〕

三、重新估定史料價值

王國維在商周史研究上取得優越的成績，不僅由於環境與時機的特殊，
很重要的一點，是他對於商周史材料能以「重新估定價值」〔註58〕的反省態
度去加以掌握。因此他能拋開傳統的羈絆，在舊材料中發現新契機，在新材
料中得到大證據。陳寅恪所言「開拓學術之區宇，補前修所未逮」（〈王靜安
先生遺書序〉）正是端賴於此一「重新估定價值」的態度與作為。

王國維不是一個人云亦云的書櫥，也不是一個甘心趨附的八股書呆。王
國維少年密友陳守謙〔註59〕就曾說：

〔註56〕見〈王靜安先生與古文字學〉，《全集》附錄，頁5694。又胡厚宣曾說：「王國
　　　　維的學風，可用四句話來概括，即綜合比勘、相互參證、態度忠實、方法嚴
　　　　謹。」（〈「國際王國維學術研討會」新論摘編・王國維治學方法對後世的巨大
　　　　影響〉，上海《華東師範大學學報（哲學社會科學版）》，1987年第五期，頁7，
　　　　可與徐說互相參考。

〔註57〕此上二言皆梁啟超語。前者見《學衡》第六十四期〈王靜安先生逝世週年紀
　　　　念・序〉，後者見《國學月報・王靜安先生專號・王靜安先生墓前悼辭》。

〔註58〕得啟示於《胡適文存》第一集卷四〈新思潮的意義〉：「尼采說，現今時代是
　　　　一個『重新估定一切價值』（Transvaluation of all Values）的時代。『重新估定
　　　　一切價值』八個字便是評判的態度的最好解釋。」台北：遠東出版公司，民
　　　　國64年出版，頁728。對於胡適的這一段話，余英時先生所著，《中國近代思
　　　　想史上的胡適》一書，頁17曾加註說明：「尼采的『重新估定一切價值』現
　　　　在英文譯作"revaluation of all values"尼采的本意只在攻擊現存的偽價值，但
　　　　他並未提供新的價值。」見 Walter Kaufmann, Nietzsche, Philosopher,
　　　　Psychologist, Antichrist (Princeton University Press, Fourth Etition, 1974), PP.
　　　　110~115.

〔註59〕陳守謙與王國維同為當時海寧四才子之一。陳守謙〈祭王忠愨公文〉中即憶
　　　　述道：「憶余與君之訂交也，在清光緒辛卯歲（1891），君年才十五耳。余長

君專力於考據之學，不沾沾於章句，尤不屑時文繩墨，故癸巳大比，雖相偕入闈，不終場而歸，以是知君之無意科名也。(〈祭王忠愨公文〉)

王國維讀畢〈禮記注疏〉，於其後自跋云：

沖遠此疏，除大典制尚存魏晉六朝古說外，可取殊少，其敷衍經旨處，乃類高頭講章，令人生厭，不及賈氏二禮疏遠甚，若去其蕪穢，存其菁英，亦經義得失之林也。(《趙譜》三十七歲條)

羅振玉述先生學術，亦謂：

其術皆由博以反約，由疑而得信，務在不悖不惑，當於理而止，其於古人之學說亦然。(〈觀堂集林序〉)

凡此種種，都透露出王國維獨立思考，不昧於既往的爲學原則，而這個原則也是他自少至終所一貫謹守的。

尼采說：現今時代是一個「重新估定一切價值」的時代。不錯，在清末民初的大時代中〔註 60〕，由於新舊文化，以及中西文化相互間的巨大衝擊，政治、經濟、社會、教育、歷史、文化……各方面都受到了知識分子重新的反省。然而，王國維在學術上抱持的「重新估定價值」，與諸如胡適、顧頡剛等五四健將所高唱的「重新估定一切價值」，在基本的精神上雖是相近，但有一項值得提出的差異在於：王國維是以肯定舊文化爲基點，胡、顧等人則似乎是以批判，甚至否定舊傳統爲基點。基點差異如此，則其結果便判如二途：王國維在肯定舊文化的意識下，努力地去剔除舊材料中訛誤僞謬的部分，努力去發掘新材料中潛藏的可信歷史，試圖還原商周史的眞實面目；胡、顧等人，於古史的討論上，則採取嚴厲批判，甚至截斷否定的方式〔註 61〕，設法糾舉歷代古史傳說或研究的不合理現象。顯然的，王國維「重新估定

君五歲，學問之事自愧弗如。時則有葉君宜春、諸君嘉猷者，皆朝夕過從，商量舊學，里人目爲四才子，而推君爲第一。」王國維之弟王國華序〈王靜安先生遺書序〉(初一，頁 9)亦同此言。

〔註 60〕尼采 (Friedrich Wilhelm Nietzsche)，德國哲學家，生於 1844 年，卒於 1900 年。正當中國清道光二十四年，至清光緒二十六年。尼采逝時，王國維已是二十四歲的青年，此二人有時代重疊的部分。

〔註 61〕胡適於民國 10 年 1 月 28 日致顧頡剛的一封信中，談到了他的古史觀，他的觀點對古史辨有很大的影響：「現在先把古史縮短二三千年，從《詩》三百篇做起。將來等到金石學、考古學發達上了科學軌道以後，然後用地底下掘出的史料，慢慢地拉長東周以前的古史。至於東周以下的史料亦須嚴密評判，『寧疑古而失之，不可信古而失之。』」

「價值」的目的在重建眞商周史，胡、顧等人則是在拆穿傳說的、文獻的僞古史。

　　就材料而言，同是「重新估定價值」，由於基點的不同，也造成王國維能夠既看到材料中的錯亂，也篩選保留了可靠眞實的史料，而胡、顧諸人則挑剔的多，稱許的少。這一點，其實顧頡剛也稍曾自覺過，他在〈悼王靜安先生〉的悼文中就自己指出：

> 靜安先生教我怯，他（按，指康有爲）教我勇；靜安先生教我細針密縷，他教我大刀闊斧。

> 我對於他的學問，不承認他是舊學，承認他是新創的中國古史學。
> 他在古史學上，和崔東壁、康長素諸家的不同之點，崔、康們是破壞僞的古史，而他是建設眞的古史。

胡、顧的古史辨，從某些角度看，和崔、康的路徑，尤其是崔東壁，是頗爲類似的。顧頡剛的批評崔、康，也就等於在批評自己。然而不論如何，王國維的謹愼估定，顧頡剛已經注意到了！

　　王國維的考古派與古史辨諸前輩的疑古派，在中國古史的研究上，前者的貢獻在建設，後者的貢獻在破壞，各有所成而均不容偏忽。然不可諱言的，就古史眞相的發掘而論，前者的正面意義恐怕要比後者大上許多〔註62〕。尤其古史辨興盛當時，考古學也已興起。顧氏諸家古史論辨的過程中，卻仍然拘守文獻的圈子，未能利用器物加以證驗，是頗爲令人感到遺憾的。關於王國維和顧頡剛在這一方面的比較，施奈德（Laurence A Schneider）在其所著《顧頡剛與中國新史學》一書中，即有一段簡要的說明：

> 身爲職業史學家的顧頡剛，爲他不能充分利用正由羅振玉（1866～1940）和王國維（1877～1927）進行的考古學成果而懊惱。……

> 顧頡剛雖然對王國維的能力有些保留，他卻承認王國維給了中國古史研究一個新方向和新境界。甲骨考古學的事例說明了國學運動的持久不變之特性。即使顧頡剛及其同道諸君，提倡新史料的全面認識和運用，以及分析史料的新的社會科學方法，而國學派主要關切

〔註62〕既然是王國維的正面意義大，何以顧頡剛爲首的古史辨，其聲勢卻依然如轟天巨雷呢？這可以有兩個原因：一則乃破壞比建設更容易引起震撼與激辯，二則如蕭艾《王國維評傳》，頁189所說：「從新陣營中站出一員大將，說一句話，比舊的營壘中來的人物說千百句話，更有力量。」

的仍是，中國學術界歷來所研究的文獻，而他們所用的也絕非西方
社會科學的方法。〔註63〕

顧頡剛大刀闊斧地重新審視書籍中的古史記載，王國維則較之更向前大跨一步地重新估定史料的價值。王國維比顧頡剛年長十六歲〔註64〕，識見則更為開闊宏達，就此而言，我們便不能不說：王國維的智慧和眼光，實在是遠遠超越了時代。

〔註63〕 美國・施奈德（Laurence A Schneider）著，梅寅生譯《顧頡剛與中國新史學》（《Ku Chieh -- Kang and China's New History》），台北：華世出版社，民國73年初版，頁79。
〔註64〕 顧頡剛生於1893年，卒於1980年，享年八十七歲。1877年出生的王國維，較之年長十六歲。

第五章　王國維對商周文化之研究

第一節　政治傳承

一、帝王世系

　　關於殷商帝王世系，歷來以《史記》所載最為簡明精實。所以王國維考查殷商世系即以《史記》為主要的紙上材料。史遷述〈五帝本紀〉採百家之「言尤雅者」，是以傳說為寫作素材；其作〈殷本紀〉則「以〈頌〉次契之事，自成湯以來，采於《書》《詩》」，他是以寫作歷史的嚴謹態度，仔細甄選材料，加以編次撰述而成，雖然其中雜有傳說，但在性質上，〈殷本紀〉似應不同於〈五帝本紀〉。即使推理如此，畢竟這些都只是紙上記載，史遷既未清楚交待編寫所依據的材料，又加上時空輾轉下可能產生的脫偽滲謬，都使後人不免存著幾許疑慮。這些疑慮千年以來無從消解，直到殷商實物——甲骨出土之後，方才得到了印證解釋的可靠依據。

　　殷虛甲骨自從 1899 年發現以來，在劉鶚、羅振玉等人的努力下，商朝帝王諡名的辨認，已得到了初步的成果〔註 1〕，但仍止於個別王號的提出與證

〔註 1〕　劉鶚《鐵雲藏龜・自序》曾舉出祖乙、祖辛、祖丁、母庚等例，證明卜辭是殷人刀筆。台北藝文印書館，民國 48 年，頁 3。

　　　　孫詒讓《契文舉例》又從《鐵雲藏龜》中舉出祖甲、祖庚、大甲、大丁、大戊、羌甲、南庚及祖某、父某、兄某、女某（應作母某）等二十二名，而謂大甲、大丁、大戊、羌甲、南庚等「亦多與殷先王同號」。《雪堂全集》初編十五冊。

　　　　羅振玉〈殷商貞卜文字考〉則「又於刻辭中得殷帝王名諡十餘，乃恍然悟此

明。其帝王世系的條理，則必待之於王國維的研究。王國維的〈殷卜辭中所見先公先王考〉及〈續考〉，成為了研究殷商歷史最具有貢獻的論述，是研究殷商帝王世系者的必讀之作，而也由此奠定了他在學術上光輝不朽的地位。利用新發現的甲骨卜辭作為歷史材料，系統科學地考究古代制度的原委，使甲骨卜辭的學術價值擴大，不侷限於文字學或器物學之中，則更是始於王國維。

　　王國維研究殷商帝王世系，是承接著羅振玉〈殷商貞卜文字考〉及《殷虛書契考釋》所開啟的門徑而來的。前者有「殷帝王之名謚」一節，後者有「帝王」一章，王國維〈先公先王二考〉〔註2〕中所討論的諸公諸王，我們在羅振玉的著作中，全部都可以找到淵源〔註3〕。在這方面，羅振玉的貢獻主要在文字的辨認審定，以及實物資料的歸納整理。他為後來殷商帝王世系的研究，已經做好了妥善的準備。王國維就是在羅振玉獨立的文字考釋的基礎上，對殷商先公先王展開專題式的系統考釋。

　　王國維考訂殷商帝王世系，是從「王亥」開始的。他在〈先王考〉前言中有云：

> 甲寅歲暮，上虞羅叔言參事撰《殷虛書契考釋》，始於卜辭中發見王亥之名。
>
> 嗣余讀《山海經》、《竹書紀年》，乃知王亥為殷之先公。嘗以此語參事及日本內藤博士（虎次郎），參事復博蒐甲骨中之紀王亥事者，復七八條，載之《殷虛書契後編》，博士亦採余說，旁加考證，作〈王

卜辭者，殷室王朝之遺物。」這在甲骨學史上，是一個天天的發現。羅振玉於「考史」一節中澄清了劉鶚、孫詒讓所舉的祖乙、祖辛、祖丁、祖甲、祖庚、大甲、大丁、大戊、羌甲、南庚等十名是殷王謚號，而不是殷人名或與殷先生同號者。此外他又加上大乙、大庚、小甲、中丁、小辛、小乙、武丁、武乙、文丁九名，並以示壬、示癸為成湯祖父。《雪堂全集》三編一冊。
再者，羅振玉在《殷虛書契考釋》（台北：藝文印書館，民國58年再版）內則刪去文丁，加入卜丙、卜壬、羊甲、盤庚、康丁五名。至此共二十五名。其有妣以配食者，則共有十四人：示癸配妣甲，大乙配妣丙，大丁配妣戊，大甲配妣辛，大庚配妣壬，大戊配妣壬，中丁配妣癸，且乙配妣己、妣庚，且丁配己、妣辛、妣癸，小乙配妣庚，武丁配妣辛、妣癸、妣戊，祖甲配妣戊，康丁配妣辛。以上參考陳夢家《卜辭綜述》，頁333。

〔註2〕此下以〈先公先王二考〉簡稱〈殷卜辭中所見先公王考〉及〈續考〉二文。並以〈先公先王考〉簡稱〈殷卜辭中所見先公先王考〉。

〔註3〕尤其《殷虛書契考釋》一書，已可謂全部涵括。

　　亥〉一篇，載諸《藝文雜誌》。并謂自契以降諸先公之名，苟後此尚
　　得於卜辭中發見之，則有裨於古史學者當尤鉅。余感博士言，乃復
　　就卜辭有所攷究，復於王亥之外，得王恒一人。由是有商一代先公
　　先王之名不見於卜辭者殆鮮，乃爲此考以質諸博士及參事，并使世
　　人知殷虛遺物之有裨於經史二學者有如斯也。

王國維在羅振玉與內藤虎次郎二人師友互助，交相攻錯中，成功地完成了王
亥的研究，並持續考查，進而提出了令舉世驚爲絕作的〈先公先王二考〉，據
此且鋪演爲述殷代祭禮的〈殷禮徵文〉，及總結其商周史研究成果的〈古史新
證〉。

　　王國維篇名中所謂的「先公」「先王」，其界定如何呢？在「相土」一節
之最末，王國維說：

　　今觀卜辭中殷之先公有季、有王亥、有王恒，又自上甲至於主癸，
　　無一不見於卜辭。

又「上甲」一節中，王國維又說：

　　凡祭告皆曰自田，是田實居先公先王之者也。是田爲元示及十有三
　　示之首，殷之先公稱示，主壬主癸卜辭稱示壬示癸，則田又居先公
　　之首也。

這前後兩說頗有矛盾。然其前言中又說：

　　王亥、王恆、帝嚳、相土、由是有商一代先公先王之名不見於卜辭
　　者殆鮮。

由此，或許我們只能說：王國維對先公先王的界定並不嚴格。若廣義論之，
先公包括了自帝嚳以至主癸間十四帝〔註4〕；若狹義論之，則僅指上甲至主癸
六示而已，是成湯得天下以前有祀典的六位先人〔註5〕。至於「先王」，則王

〔註4〕　殷商最早期的先公，如帝嚳、相土、王亥諸人，學者或認爲確有其人，或認
　　　　爲乃傳說人物，然誠如張秉權先生〈殷代的祭祀與巫術〉一文中所說：「在古
　　　　代社會中，人與神的互相轉化，亦屬常事。事實上，恐怕二者都沒有錯，不
　　　　能一概而論。」《中央研究院歷史語言研究所集刊》第四十九本第三分，民國
　　　　67年9月，頁449。
〔註5〕　關於殷代先公先王的界分，董作賓在其〈五十年來考訂殷代世系的檢討〉（《學
　　　　術季刊》一卷三期，民國42年3月）一文中，也仍然是採用王國維的說法，
　　　　只是再予以遠近前後的細分。董作賓將殷代世系分爲四個段落：
　　　　第一段　殷代先公遠祖　自帝嚳以迄振（即王亥）
　　　　第二段　殷代先公近祖　自微以迄主癸

國維在〈續考〉所附錄的「殷世系異同表」中已明白表示，是指自大乙（成湯）以至帝辛的三十一位帝王。〔註6〕

有〈殷本紀〉的帝王系譜作為基準，王國維的〈先公先王二考〉其實是站在糾誤與證明的立場來論說的。他從文字的釋定與帝王的繼承關係兩方面，尋求論點的成立依據，他以𡤼為首，釋為夋，後來在〈古史新證〉中又改釋為夒，但皆不變地認為是殷先祖之最顯赫者，亦即帝嚳——「嚳為契父，為商人所自出之帝」（〈殷本紀〉）。《殷虛書契考釋》「人名」章，將𡤼未加考釋地雜列於其中，這表示羅振玉當時僅僅知其為人名而已。王國維便在這一點點薄弱的訊息上，從字形、聲類、典籍記載各方面加以搜證考辨，而訓其乃殷商之最高先祖〔註7〕。此一結論，恐怕是羅振玉當時所無法料想得到的。

王亥（太丁）的研究則是一大樞紐，並且也是王國維在甲骨學研究過程中最驚人的表現。王亥卜辭文字的辨認，是羅振玉在《殷虛書契考釋》中已經做到。至此，王國維則一舉訂正了《史記》之「振」、《系本》之「核」、《漢書》之「垓」、《楚辭》之「該」、《呂氏春秋》之「冰」皆是卜辭「王亥」之偽。以卜辭校得古籍文字之誤，王國維堪稱典範。

王亥之後，接連著王季（季）、王恆（太工）的釋出，《楚辭‧天問》中

第三段　殷代先王前期　自成湯以迄陽甲
第四段　殷代先王後期　自盤庚以迄帝辛
董作賓將殷代先公分為遠祖近祖，其原因即其所說：「因為我們列入第一段的先公遠祖，是只見於舊派祀典中。」殷代祀典分為新舊兩派是董作賓在民國42年2月〈殷代禮制的新舊兩派〉（《大陸雜誌》六卷三期，頁1～7）中發現而提出的，王國維當然無以得見，但在其論說中，則可見，他已略知自上甲以下六示與其之前的先公是稍有不同的。

〔註6〕王國維〈殷世系異同表〉「帝名」一欄共列殷帝三十一名，其中是包括了太丁。據《史記‧殷本紀》記載：「太子太丁，未立而卒。」除此則與《史記》所記全同。

〔註7〕關於𡤼字，曾經頗有爭議。據《甲骨文字集釋》，頁1903「夒」字條，知主要有三種意見：
其一為以王國維〈古史新證〉為首的釋為夒，從之者有郭沫若《卜辭通纂》，孫海波，《甲骨文編》、魯實先〈殷契新詮之四〉）。
其二為以王襄《簠室殷契類纂》為首的釋為禼，從之者有徐中舒、唐蘭、楊樹達、容庚。（據陳夢家《殷虛卜辭綜述》，頁338補充之）
其三為以陳夢家《殷虛卜辭綜述》為首的釋為夔，從之者有饒宗頤《殷代貞卜人物通考》。
惟據李師孝定先生案語，及董作賓〈五十年來考訂殷代世系的檢討〉，兩位皆後出大家，亦都綜論各家而論定：王國維之釋為夒，應是可以成立的。

「該秉季德」「恆秉季德」，得到了令人驚喜的解釋：原來，王季與王亥、王恒是父子，王亥與王恒是兄弟，尤有甚者，王國維發現「王亥與上甲微之間，又當有王恒一世」，《史記‧殷本紀》的世次，因此而得到了補正。恰如王國維自己所認識到的價值，王亥父子兄弟的通釋，乃「治史學與文學者，所當同聲稱快者也。」

上甲（田）的考釋成功，是王國維古文字學上的另一大收穫，而這個成功是他由囗、囚、囗的釋定，聯想後加以證明得到的。因為上甲微的釋定，加上「自上甲以降皆謂之示」的曉悟，示壬示癸即《史記》主壬主癸，也因而得到了證據。

羅振玉在《殷虛書契考釋》中已釋為報乙、報丙、報丁，但缺乏堅強的證據〔註8〕。王國維代為搜尋，證明其釋字無誤。從而論其次序關係，因之重新修改《史記》、《漢書》中傳之千年的「報丁、報丙、報乙」而為「報乙、報丙、報丁」，又再一次更正了紙上材料的錯誤。他並且考出天乙即大乙，證明了羅振玉之說無誤，蓋《荀子》《史記》諸書因形近而筆誤耳。

在個別考訂後，王國維會通《史記》之〈殷本紀〉、〈三代世表〉、《漢書‧古今人表》與卜辭，製成一份「殷世系異同表」，次序表列原本散亂的殷先王三十一帝，並比較諸書所載與卜辭實紀之間的異同。在表中，他依據卜辭實物得知的世次，對史書提出了三處修正：

第一是大庚，《史記‧殷本紀》以下皆以為沃丁弟，王國維依卜辭改為大甲子。第二為大戊，同樣自《史記》以下皆記為雍己弟，王國維則改為大庚子。查大庚為沃丁弟，沃丁為大甲子，則大庚為大甲子無誤；又雍己乃小甲之弟，小甲乃大庚之子，則大戊本為大庚之子，《史記‧殷本紀》以下皆書如此。為子為弟，是一個人可以同時兼有的兩個角色，既然如此，王國維又何以要特別標明「大庚子」「大甲子」，而不從「雍己弟」之舊說呢？這是因為在王國維當時，沃丁、雍己尚未得到卜辭的證實，而大甲、大庚已在卜辭之中得有確證所使然。〈先公先王考〉「祖某父某兄某」一節之開首記云：

> 有商一代二十九帝，其未見卜辭者：仲壬、雍己、河亶甲、沃甲、
> 廩辛、帝乙、帝辛八帝也。而卜辭出於殷虛，乃自盤庚至帝乙時所

〔註8〕　羅振玉釋此三字乃取〈殷本紀〉比對意想而致之，尚未有堅強證據支持之，《殷虛書契考釋‧帝王》卷上，頁8：「考〈殷本紀〉載微子報丁、報丁子報乙、報乙子報丙，意此囗囗囚三人者，必報丁、報乙、報丙矣。」

　　刻辭，自當無帝乙、帝辛之名。則名不見於卜辭者，於二十七帝中
　　實六帝耳。

由此可知，王國維之改書，完全是因其嚴謹治學的態度而致之。第三是祖乙，
《史記》以爲是河亶甲子，《漢書》以爲是河亶甲弟，兩者本已存在嚴重差異，
王國維據卜辭而定其爲中丁子，解決了此一千年懸案。經過王國維的一番釐
清，總算使得殷商帝王世系得到了簡明可靠的系統整理。茲將王國維整理的
卜辭發現與《史記・殷本紀》列表對照如下頁。

　　王國維〈先公先王二考〉的最大貢獻有二：其一，是他利用卜辭糾正了
古籍記載的漏誤；其二，史遷〈殷本紀〉中的殷商帝王世系，幾乎全部因他
而得到證實了。他實證了《世本》、《史記》、《竹書記年》之爲實錄，並且《山
海經》、《楚辭》等「古代傳說，存於周秦之間，非絕無根據」。在疑古風氣熾
烈的當時，王國維作品的出現，不僅導引學術研究走向實證之路，更重要的
是，他證實了殷商信史的存在。

　　在帝王稱謂的通釋上，王國維也在考證之中尋其條例，這些條例的提出，
帶給後人在卜辭閱讀與了解上的便利，爲帝王世系的研究添上了另一項貢
獻。查其已得之通例有四：

　　一爲「報」之義，在〈先公先王考〉「報丁報丙報乙」一節中，王國維說
到：

　　　報乙報丙報丁稱報者，殆亦取報上甲微之報以爲義，自是後世追號，
　　　非殷人本稱。當時但稱匚丏叵而已，上甲之甲字在囗中，報乙報丙
　　　報丁之乙丙丁三字在匚或匸中自是一例。意壇墠或郊宗石室之制，
　　　殷人已有行之者與？

二爲「示」之義，〈先公先王考〉「主壬主癸」一節中有言：

　　　自上甲以降均謂之示。

〈續考〉「大示二示三示四示」一節云：

　　　示者先公先王之通稱。其有大示二示三示四示之別者，蓋商人祀其
　　　先自有差等。

三爲「祖某父某兄某」之義，〈先公先王考〉中有專節論之：

　　　今由種種研究，知卜辭中所未見之諸帝，或名亡而實存，至卜辭所
　　　有而史所無者，與夫父某兄某等之史無其人以當之者，皆諸帝兄弟
　　　之未立而殂者，或諸帝之異名也。

《史記·殷本紀》與王國維修補之殷代帝系對照表

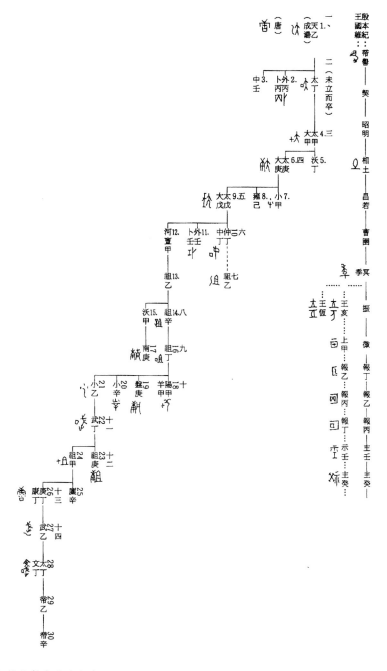

註：1. 阿拉伯數字代表殷帝繼位順次，據《史記·殷本紀》。
　　　大寫數字代表殷王世次，據王國維〈殷世系異同表〉。
　　2. 實線表帝際關係，縱爲父子，橫爲兄弟；虛線表王國維據卜辭修補後之關係。

> 疑所稱父某兄某者，即大乙以下諸帝矣。其云帝與祖者，亦諸帝之
> 通稱。

> 商人自大父以上皆稱曰祖。祖者，大父以上諸先王之通稱也，其稱
> 父某者亦然。父者，父與諸父之通稱。

四爲「多后」義，〈續考〉專節謂之：

> 商人稱其先人爲后，是故多后者，猶《書》言多子、多士、多方也。

卜辭以卜祭祀之辭爲主，對象幾乎全部是殷代王室，殷代帝王更是其中主角。卜辭中出現的殷王自帝嚳起，而自帝嚳以至帝辛的殷人歷史共約一千三百多年〔註9〕，王國維〈先公先王二考〉證成了殷代帝王世系，等於證明了殷人歷史的確實存在，也同時以此昭告世人：中國傳統的商周史，是的確有其真實性的。王國維〈先公先王二考〉的貢獻，已幾如日月之燦天了！

二、繼承法

王國維在〈先公先王二考〉中考查殷代帝王世系的同時，也注意到了王位繼承的方法。到了〈殷周制度論〉寫作時，則以先前研究爲基礎，進一步討論了商周二代的繼承制度。

殷商的繼位法，於史籍之中其實頗有記載。《左傳‧襄公三十一年》：

> 穆叔不欲，曰大子死有母弟則立之，無則長立之。年鈞擇賢，義鈞
> 則卜，古之道也。

《史記‧魯世家》：

> 莊公病而問嗣於弟叔牙，叔牙曰：一繼一及，魯之常也。

〈宋世家〉：

> 宣公病，讓其弟和，曰父死子繼，兄死弟及，天下通義也。

魯國居商人故地，宋國爲殷人遺民，可見得：在春秋時代的魯宋兩國，依然遵行著前人傳統的一繼一及的繼位法。這種繼位法，在《史記‧殷本紀》所述的商王世譜中，也明白呈現了父死子繼、兄終弟及的繼位法則。

史籍之中明確記錄了殷商帝王繼位的方法，但在對古史古籍普遍懷疑的當時，重新反省與尋求證據，便似乎成爲了必要。王國維對殷周繼位法的研究貢獻，正是在於他以卜辭實證了《史記》殷王世譜，進而以有力的證據討

〔註 9〕據《中國歷史大事年表》（台北：華世出版社，1986 年 3 月）：帝嚳在西元前 2372 年，帝辛亡武王起在西元前 1066 年，中間共歷 1306 年。

論殷周二代的繼位法。

　　關於殷商繼位法，王國維在〈先公先王考〉中已有詳細論述，〈殷周制度論〉綜合述要，〈古史新證〉則合兩者以論之。王國維認為「商之繼統法，以弟及為主，而以子繼輔之，無弟然後傳子」。其證據是「自成湯至於帝辛三十帝中，以弟繼兄者凡十四帝，其傳子者，亦多傳弟之子，而罕傳兄之子。」他並列出以弟繼兄者之十四帝是指外丙、中壬、大庚、雍己、大戊、外壬、河亶甲、沃甲、南庚、盤庚、小辛、小乙、祖甲、庚丁；以子繼父而為弟之子者有小甲、中丁、祖辛、武丁、祖庚、廩辛、武乙七人。這些都是王國維經過卜辭證實了的〈殷本紀〉中歸納出來的結果。

　　根據王國維的殷王世譜，我們可以將殷商繼位法細分為四種形式：一為傳子法，父傳於子也；二為傳弟子法，謂王為本世幼弟，傳位於己子也；三為傳弟法，兄傳於弟也；四為傳兄子法，謂王為幼弟，傳位於同世諸兄之子也。若併合類近者，則傳子法與傳弟子法，皆傳於王之子，可為一類，姑簡稱為父子法；另則傳弟法與傳兄子法，皆兄弟相傳，可為一類，姑簡稱為兄弟法。依照這樣的分類法，我們或許可以為王國維提供另一面的佐證。茲將大乙至帝辛之間的繼統，類次於此四種形式：

1. **傳子法**：(1)大乙傳太丁、(2)大甲傳沃丁、(3)祖乙傳祖辛、(4)武丁傳祖庚、(5)武乙傳文丁、(6)文丁傳帝乙、(7)帝乙傳帝辛。

2. **傳弟子法**：(1)（沃丁弟）大庚傳小甲、(2)（小甲弟）大戊傳仲丁、(3)（陽甲弟）小乙傳武丁、(4)（祖庚弟）祖甲傳廩辛、(5)（廩辛弟）庚丁傳武乙。

3. **傳弟法**：(1)太丁傳外丙、(2)外丙傳中壬、(3)沃丁傳大庚、(4)小甲傳雍己、(5)雍己傳大戊、(6)仲丁傳外壬、(7)外壬傳河亶甲、(8)祖辛傳沃甲、(9)祖丁傳南庚、(10)陽甲傳盤庚、(11)盤庚傳小辛、(12)小辛傳小乙、(13)祖庚傳祖甲、(14)廩辛傳庚丁。

4. **傳兄子法**：(1)中壬傳（兄大丁子）大甲、(2)河亶甲傳（兄仲丁子）祖乙、(3)沃甲傳（甲祖辛子）祖丁、(4)南庚傳（兄祖丁子）陽甲。

　　依類合併，知父子法共十二例，兄弟法共十八例，兩者比例為二比三，則王國維「商之繼統法以弟及為主，而以子繼輔之」的論點，就他自己所修定的帝王系譜而言，應該是可以成立的。

　　王國維對殷商的繼位法強調了兩個重點：其一，兄終弟及與父死子繼同

爲殷帝王之繼位法，但有主輔之分；其二，殷商所以以弟及爲主，是因爲商代沒有嚴格的嫡庶之別。而這兩點也同樣施行在西周初期，王國維舉出了例子：

> 大王之立王季也，文王之舍伯邑考而立武王也，周公之繼武王而攝政稱王也，自殷制言之，皆正也。（〈殷周制度論〉，本節引文皆出於此）

但周朝後來的正統繼位法還是父死子繼，這制度從成王開始，以後竟成爲中國歷代王朝的繼位法。「家天下」不僅是天下一家的期許，其實也隱含著天下由一家統治的帝王思想。

父死子繼是自黃帝以來即有的繼位法，王國維說：

> 黃帝之崩，其二子昌意、玄囂之後代有天下。顓頊者，昌意之子。帝嚳者，玄囂之子也。厥後虞夏皆顓頊後，殷周皆帝嚳後。有天下者，但爲黃帝之子孫，不必爲黃帝之嫡。

即使是堯舜禪讓，湯武征誅，也是

> 舜禹皆顓瑞後，本可以有天下也；湯武皆帝嚳後，亦本可以有天下者也。

似乎意味著，以天下傳家，子繼父業是父死子繼法一股自然而內在的構成因素，或許也正由於是這樣的一種人性本然的心理，才能使得父死子繼法，在傳統帝王政治中歷久不墜。只是，上古與後代雖然同是父死子繼法，但前者只要是前王子孫，即可有天下；後者卻必須是先王嫡世，才可有天下。嫡庶之制成爲了決定繼位法的關鍵因素。中國嫡庶之制王國維認爲始於周公，殷商沒有。因此，在商朝，同父諸子皆有繼位之資格與機會，故兄死之後，有弟則立之，是爲兄終弟及。王國維說：

> 商人祀其先王，兄弟同禮。即先王兄弟之未立者，其禮亦同，是未嘗有嫡庶別也。

便是從祭禮上得到的證據。即使在周初，也是嫡庶不別，《逸周書・克殷解》：

> 王烈祖、太王、大伯、王季、虞公、文王、邑考，以列升。

即是證明。

殷商兄終弟及成爲主要繼承法是由於嫡庶不別，而也由於嫡庶不別，才產生兄弟諸子爭立王位的亂事，〈殷本紀〉世譜中出現的「沃甲崩，立沃甲兄祖辛之子祖丁，是爲帝祖丁。帝祖丁崩，立弟沃甲之子南庚，是爲帝南庚。

帝南庚崩，立帝祖丁之子陽甲，是爲帝陽甲」三事，就是王位爭奪所產生的混亂結果，而私下的爭奪情事，則更有甚者。《史記》提到了王位爭立的現象，王國維則提出了原因的解釋，他說：

> 夫舍弟而傳子者，所以息爭也。兄弟之親本不如父子，而兄之尊又不如父，故兄弟間常不免有爭位之事。特如傳弟既盡之後，則嗣立者當爲兄之子歟？弟之子歟？以理論言之，自當立兄之子；以事實言之，則所立者往往爲弟之子。此商人所以有中丁以後九世之亂。而周人傳子之制，正爲救此弊而設也。

這樣的見解是合於人情與實情的。爲了補救兄終弟及與父死諸子皆可繼的弊死，產生了立子立嫡的方法，而這個方法最大的功用在於，可以求得安定。蓋人不能無欲，而人皆有親疏，故王國維說：

> 任天者定，任人者爭。定之以天，爭乃不生。故天子諸侯之傳世也，繼統法之立子與立嫡也，後世用人之資格也，皆任天而不參以人，所以求定而息爭也。

對於殷周繼承法的差異，王國維在〈殷周制度論〉中，都從歷史文化的觀點，提出了內在意義的省思，這都幫助了後人對殷周繼位法的了解與研究。

第二節　禮儀制度

一、祭　祀

在早期先民的文化中，祭祀是關係至大的一項活動。我國商周時代也不例外，商人的迷信事鬼，甚至幾乎成了其時代標記。古籍中所謂的「國之大事，在祀與戎」、「率民以事神」，在甲骨出土之後，卜辭資料都已證其洵非虛語了。

在過去，殷代祭禮只能從古籍記載中知曉，但往往各家說法不一，矛盾錯出。王國維則直接從卜辭記錄中搜尋出殷商祭禮的眞相，爲後來的商代祭禮研究，奠下了良好的基石。他的研究心得散見在各篇卜辭研究中，然以〈殷禮徵文〉一篇最有系統，可爲代表。

〈殷禮徵文〉分述「殷人以日爲名之所由來」、「商先公先王皆特祭」、「殷先妣皆特祭」、「殷祭」、「外祭」五項。其第一項乃是本於《白虎通・姓名篇》之說，這可能是史上出現關於商王廟號的最早說法。王國維根據大量的甲骨

卜辭，歸納排比，加以印證，而得到結論，謂：

> 商人甲乙之號，蓋專爲祭而設，以甲日生者祭以甲日，因號之曰上
> 甲、曰大甲、曰小甲……蓋出子孫所稱，而非父母所名矣。上甲之
> 名微、大乙之自稱曰予小子履、周人之稱辛曰商王受、曰受德，可
> 知商世諸王皆自有名，而甲乙等號自係後人所稱。而甲乙上所冠諸
> 字曰上、曰大、曰小、曰且、曰帝，尤爲後世追稱之證矣。

這其中的意見，除商王廟號之所由出，學者仍熱烈討論中，其餘大致皆至今
不易。尤其因祭祀需要而取十干爲廟號，更是由王國維首先發現的重要論
點。

自上甲以下之商王取十干爲謚的原因，王國維提出了「以甲日生者祭以
甲日」的「生日說」，此說於學界頗爲通行，屈萬里〈謚法濫觴於殷代論〉即
從之〔註 10〕，但除此之外，主他說者仍不少，張光直〈商王廟號新考〉一文
中，便將古今學者提出的不同解釋，歸納爲四類：次序說、卜選說、生日說、
死日說〔註 11〕。王國維取卜辭釋證商王廟號之所由，竟從此揭開了此一問題
的新論辯，這是可喜的。至於要取得一個合理而一致的意見，則有待學者們
的繼續鑽研了。

對於殷商先公先妣皆受特祭的發現，王國維分別列舉了二十五條和十四
條的甲金文證據，證實了殷人遍祭先公先妣，無親盡而祧之制，也無男尊女
卑之成見。這與周世以後只祭五世直系先祖的廟祭制度不同，更與傳統重男
輕女之習大異。侯外盧更謂，此一發現「可爲治古史者一個文明程度的分水
嶺。」〔註 12〕

殷商有特祭，亦有合祭；雖遍祀先公先王，但也有合最近五世而祀之衣
祀。卜辭的記載與《呂氏春秋·有始覽》引〈商書〉：「五世之廟，可以觀怪。」

〔註10〕屈萬里此文刊於《中央研究院歷史語言研究所集刊》第十三本，民國 37 年，
頁 219～226。

〔註11〕張光直則不主此四說，他提出另外的看法，認爲：「商代廟主之分類，亦即王
妣之分類；分類的原則，係商王室的親屬制度與婚姻制度，及王妣生前在此
種制度中的地位。」
〈商王廟號新考〉一文原載《中央研究院民族研究所集刊》第十五期，民國
52 年，亦收入張光直《中國青銅時代》一書。

〔註12〕侯外盧《近代中國思想學說史》，頁 988：「王氏斷商代沒有廟祧壇墠之制，可
爲治古史者一個文明程度的分水嶺，那便是合族的『共同墓地』了，所謂『徧
祀其先公先王者，殷制也』。」本書無出版資料，惟自序署期民國 33 年元
旦。

的話，得到了相互的印證。王國維在此很敏感地為商代晚期的祭法與廟制取得了聯繫，這不僅正確，而且是卓越的識見。然而商人之合祭，或九世、或二十世、或二世、或五世，沒有周人三年一祫，五年一禘的規律，因此王國維又說：

> 殷人祭其先無定制也。〔註13〕

至於外祭，一般所知，殷人凡天神、地祇、人鬼，無所不祭。王國維由此則另外提出，殷人有祭「社」與「邦社」之舉，且其祭禮頗為豐厚，有達至「三小牢卯一牛沈十牛」者。與《周禮》、《尚書》中所記周代僅以「牛一羊一豕一」之薄簡，差異甚大。而商周兩代對祭祀態度的不同，再由此再得一證。

商周祭禮之繁簡有頗大差別，但這個過程是漸進的，而非改廟換代即可一夕更改。王國維指出，殷商「先公自王亥以降，先王自大乙以降，雖一二十世之遠祖，無不舉也。當其合祀也，則僅及自父以上五世，而五世之中，非其所自出者，猶不與焉。」王貴民《殷周制度考信》則再指出：

> 各期都有合祭和專祭的形式……但比較起來，合祭在前期較少，而中期增加。專祭的趨向則相反。〔註14〕

祭禮與廟制是分不開的。因祭祀中之一項，主要在對祖先表示孝敬祈福，廟制便是完全為祭祀而設的制度。殷商已有宗廟的形制，卜辭中之「宗」字作𠆆、𠉃、𠈐、從宀從示，象神主在廟屋中之形。然卜辭無「廟」字。殷先公中𡆥𠤏𠰔𠃬之口、匚、匸即所謂「宗廟盛主之器」的匫〔註15〕，凡此皆表示商代廟制的早已存在。由近世小屯遺址的開發，更得到了建築遺跡的證實〔註16〕。商代宗廟之存在，則更無可疑。

〔註13〕 由今日之研究，已可確知殷代是具有系統祭祀的。董作賓《殷曆譜》（《中央研究院歷史語言研究所專刊》第四冊，民國34年）與日本島邦男《殷虛卜辭研究・殷代的祭祀》（中譯本：台北：鼎文書局，民國64年初版）都已指出有「五祀」的制度。陳夢家《殷虛卜辭綜述》也認為有「三種祭法」（台北：大通書局，民國60年），王國維的說法是必須修正了。然而這與當初的卜辭材料未豐，研究未發達，是相關的。我們不能就因此抹殺其開導之功。

〔註14〕 見王貴民《商周制度考信》，台北：明文書局，民國78年初版，頁54。

〔註15〕 據黃然偉《殷禮考實》統計，殷先王中，有「宗」的先王共十人，他們都是直系先王：大乙、中丁、祖乙、祖辛、祖丁、武丁、祖甲、康丁、武乙、文武丁。台北：台灣大學文學院《文史叢刊》之二十三，民國56年初版，頁70。

〔註16〕 參石璋如〈殷虛建築遺存的新認識——論殷代早期的宗廟〉，中央研究院《第一屆國際漢學會議論文集》歷史考古組，民國70年，頁119～143。

　　王國維則依據《逸周書》、《中庸》、《尚書》等記載，推考周初武成之時，祭先祖但及高祖以下四世，與其他先公不同，「其後遂爲四親廟之制。又加以后稷文武，遂七廟」〔註17〕，歸結出：

> 偏祀先公先王者，殷制也。七廟四廟者，七十子後學之說也。周初制度自當在此二者間，雖不敢以七十子後學之說上擬宗周制度，然其不如殷人之偏祀其先，固可由其他制度知之矣。

在此他爲七廟作了解釋，但摒爲後儒之說。另外，他也曾提出卜辭五廟的發現，在〈殷禮徵文・殷祭〉中例舉《殷虛書契後編》上第二十葉第五片卜辭：

> 甲辰卜，貞：來且乙、且丁、且甲、康且丁、武乙衣，亡尤。

據此指出：

> 據此言，均爲合近五世而祀之。《呂氏春秋・有始覽》引〈商書〉曰：「五世之廟，可以觀怪。」於此始得其證矣。

由此則似乎可說，殷周時代之廟制，尚未有一定成數之制〔註18〕。王國維說：廟數乃是「以親親之義，經尊尊之義」而立之，殷商之偏祀先公先王，與周代「既有不毀之廟以存尊統，復有四親廟以存親統」，其尊尊親親之意是一致的，唯作法有所差別而已。而這一股尊尊親親的心意與行爲，也一直在中國傳統社會中持續下來，成爲家族與國族的中心精神。

二、宗法與喪服

　　宗法的產生，王國維認爲是由嫡庶之制而生出。沒有嫡庶之制便不能有宗法，因此：

> 商人無嫡庶之制，故不能有宗法。藉曰有之，不過合一族之人，奉其族之貴且賢者而宗之。其所宗之人，固非一定而不可易，如周之大宗小宗也。周人嫡庶之制，本爲天子諸侯繼統法而設，復以此制通之大夫以下，則不爲君統，而爲宗統，於是宗法生焉。(〈殷周制度論〉)

〔註17〕據章景明《殷周廟制論稿》，頁30，認爲王國維此說與《禮記・喪服小記》所說：「王者禘其祖之所自出，以其祖配之，而立四廟。」之鄭玄注語：「高祖以下，與始祖而五。」是相合的意見。雖然「後之學者，多有從之」，但章氏認爲「王氏之說恐尚未的」，並且列舉三十一器的銘文，歸結其結論，謂：西周時代天子之廟數尚無定制（頁42）。台北：學海出版社，民國61年初版。

〔註18〕請詳參章景明《殷周廟制論稿》第一章〈殷周之廟數制度〉。

這個說法，在今日學者的討論下，有部分已是無法成立的。其主要原因，在於材料依據的失誤。王國維所據以爲論的《禮記‧喪服小記》、〈大傳〉，似乎是史上首度對宗法之制作較詳細的記載，時至今日，仍是重要參考。但應當注意的是，這是戰國七十子後學所述，它既包含了當時制度的記載，但也包含了七十子後學對宗法的理想。它的完備與嚴謹，是絕對無法反映商周初期宗法的制度原型。並且它距殷世西周已遠，比之卜辭金文，說服力與可靠性都不足。王國維雖也知曉此爲七十子後學所爲，但卻沒有能從實物材料中再尋求商周宗法的軌跡，而犯下此種錯誤，是非常可惜的。但另一方面，我們也不能過於苛責，因爲即使在今日，殷周宗法的眞實情況，都還有很多因資料缺乏而難以敘述，更何況是在王國維的那個時代呢？因此，錯誤固然應當修正，更重要的，則是應該注意他所帶給後輩的啓發。

　　宗法與嫡庶兩者的確互相影響，因爲宗法強調長幼之分，清儒程瑤田《通藝錄‧宗法表》開宗明義所說的：「宗之道，兄道也。」正是強調兄弟長幼在宗法中的重要地位。加之以王國維所說：

　　　　周人以尊尊之義，經親親之義而立嫡庶之制。

　　　　嫡庶者，尊尊之統也，由是而生宗法。

則宗法之義正是尊尊（敬尊祖先）親親（親其所親）長長（長幼有序）的結合。

　　周人嫡庶之制確立，嫡長繼承幾成定規，氏族成員之尊卑與組織因而明晰，所謂「別子爲祖，繼別爲宗，繼禰者爲小宗」（《禮記‧大傳》）清楚表示了層級而出的區分，宗族的「本支百世」（《詩經‧大雅‧文王》）因之形成，宗法也由此鞏固。而宗法之由君統而擴爲宗統，貴族之間等級的畫分〔註 19〕，直接塑造了普天宗法結構的形成。領導權與財產權受到重視與爭取〔註 20〕，使得繼承資格由子而嫡子，甚而嫡長子的愈發講究，如此即使嫡庶之制也難以更易。

　　王國維列舉出《詩經‧大雅‧篤公劉》：「食之飲之，君之宗之。」〈板〉：

〔註 19〕殷周之時沒有天子、諸侯的嚴格等級畫分稱謂，但仍有宗法，商和西周從王室和各級貴族都有宗族，也都有宗法。請詳參王國維〈古諸侯稱王説〉與王貴民《商周制度考信‧宗法》。

〔註 20〕王貴民《商周制度考信》，頁 30：「宗法雖然亦是人爲的，但是溯其本原，是自然的，是一定歷史時代社會結構存在的產物。只是，由於財產繼承這個酵母的作用，宗法才具有政治性質。」

「大宗維翰」等文獻，及我們在西周金文中看到頻頻出現的「大宗」、「宗室」「宗子」、「宗君」的稱謂〔註21〕都讓人感到，西周宗法的存在應該是事實才對。

　　西周初期文化承殷商而來，已無可疑，即宗法一條，今日亦可確言有之。王國維僅以商人嫡庶之制，否定商人之有宗法，是失之武斷了。陳夢家《殷墟卜辭綜述》則從另外的角度，概括地來看殷商宗法，他說：

> 由卜辭所記的祭祀系統、親屬稱謂、王位繼統法和宗廟宗室制度，可見殷代對於親屬間的親疏關係已有所區別。宗法乃家族制度下所產生的，其原因不外乎祭祀範圍的限制、喪服的久暫、土地的繼承、婚姻的禁忌和收族等等。但就祭祀範圍而說，殷人祀其多祖、多妣、多父、多母、多兄，若每一代都繼續不斷的徧祀，勢必至於無法徧祀。因此，凡久遠的親屬採逐漸淘汰法。保留與淘汰的法則，即所謂宗法。（頁497）

他的說法，提供了我們理解殷商宗法的諸多新方向。王國維在殷商帝王世系與祭祀等方面的研究成果，則恰好給予了了解殷商宗法的有力依據，只可惜他一時疏忽，未能充分利用自己的研究所得作進一步的探討。

　　王國維否定商有宗法，但又坦承：

> 藉曰有之，不過合一族之人，奉其族之貴且賢者而宗之。其所宗之人，固非一定而不可易，如周之大宗小宗也。

可見得，王國維是以後世文獻中完密的宗法制度，來衡量殷代，這是有失公允的。然而卻也同時透露出：宗法制度在殷商已具雛型，只是未臻完備而已。〔註22〕

　　與宗法同樣由嫡庶之制而來的，是喪服之制。王國維說：

> 喪服之大綱四：曰親親、曰尊尊、曰長長、曰男女有別。

〔註21〕例如：
　　《善鼎》：余其用各我宗子雪百姓
　　師瘨段（蓋）：其永寶用享于宗室
　　虢鐘：用享大宗
　　《何尊》：王誥宗小子于京室
　　《召伯虎段》：對揚辭宗君其休
　　《沈子段》：作于級周公宗
　　《小子生尊》：王令生辦事于公宗
〔註22〕殷商原先是一支遊牧民族，可能是其宗法制度不完備的原因之一。

人際關係的親疏層別，構成了服喪的基本意識。的確，服喪之義，也就是在藉著穿上喪服，來表達對死者哀悼。《儀禮·喪服》中所謂的「五服」——斬衰、齊衰、大功、小功、緦麻，就是以不同等的喪服制，代表不同等關係人的哀思。而三禮中記載的完備喪服制度，則更是我國喪服禮儀的極致。只是，它們幾乎未曾被忠實執行過。《論語·陽貨》中的宰我問三年之喪，及《孟子·滕文公》所記滕定公世子服三年之喪，都反映了三年之喪在春秋戰國時期，即已受到強烈的質疑，並且也是極罕見的。王國維說：

> 殷以前之服制，就令成一統系，其不能如周禮服之完密，則可斷也。

服喪之制，殷不如周，或當如實。但周代喪服之禮，是否即完密呢？恐怕未必，李亞農即曾說：

> 三年之喪以及直系親屬的喪服的貫徹，大概在秦漢以後。其他的喪服制度始終是紙上的空文，從來沒有兌現過。因為族中一有死人，大家就必須為他服喪，而且起碼三個月。如果族人多，死後都要一一為他穿喪服，那末，一個人在一生之間，單是為了穿喪服就忙不過來。因此《儀禮》《禮記》中的喪服制度，不過只是後儒為了團結氏族，而參雜古制創造出來的辦法；在周族的家長奴役制時代不見得有這樣完整的一套，但是他們為了血族的團結，有了一些比較短的服喪期和簡單的喪服制度則是可以肯定的。〔註23〕

將宗法與喪服，以嫡庶之制貫串之，是王國維極獨到的看法，而其所謂嫡庶既行之後，宗法與喪服乃「至精密纖悉」，亦不可全謂之非。唯嫡庶之制非宗法與喪服形成的唯一原因，任何一個文化制度的形成因素，通常是多方面的。王國維單向立說，恐怕是時代知識的侷限性所導致的。

第三節　民族與地理

一、民　族

王國維對民族問題的研究，範圍很廣，包括了匈奴、西胡、韃靼、黑車子室韋，及遼金時的蒙古，跨越的時間自上古殷周以至宋遼金元，討論的內容則涵蓋了各民族的淵源、歷史、分布地區，稱名等各方面。在商周史時期，

〔註23〕見《李亞農史論集》，頁266，未載出版資料，自序署期於1953年秋。

〈鬼方昆夷玁狁考〉一篇是主要的重點。

匈奴是我國歷史上著名的強大外族，曾於秦漢時期，對中原王朝構成嚴重邊患。從前我們無法確知其淵源，但在王國維的考證下，才知道，原來：

> 其族於商周間者曰鬼方、曰混夷、曰獯鬻，其在宗周之季，則曰玁狁，入春秋則始謂之戎，繼號曰狄，戰國以降又稱之曰胡，曰匈奴。

一系列不同的名稱，竟只是「隨世異名，因地殊號」，是同一民族的不同稱名法。這一發現是王國維的創論，並由其手中首度得到了證明。對民族史而言，實在是一大貢獻。

大漠南北曾出現過許多部族，如戎、狄、葷粥、匈奴等，都先後對中國構成威脅。這些部族的淵源與關係如何？史籍所載多不明確，從前學者也總是分別看待，獨立研究。然而王國維卻大膽認為：這幾個不同名稱的外族，其族源同一，只是因時空而轉變名稱而已。他並且從疆域地理、名號演變，活動記錄等方面的考查，推求知道：原來殷周的鬼方是秦漢時匈奴的族祖。此一發現也是王國維獨創的見解，他成為了中國第一位研究匈奴族源的學者，並且也在他手中首度得到了證明。至今，在細節上雖仍時有討論，但學者多仍從之。〔註24〕

從疆域地理上，王國維得到了頗為堅強的證據。他由書、器的歸納中，考知不同稱名時期的疆域大小，加以比勘。先考鬼方，依據大小盂鼎、梁伯戈、虢季子白盤等古器物，與《易爻辭》、《詩經》、《竹書紀年》等古籍，配合文字聲韻之學的鑽研，知其一部分「在隴之間或更西」，一部分則「由宗周之西包其東北」。考昆夷，據《詩》《書》《史記》知「昆夷之地，自太王之遷自北而南觀之，則必從豳北入寇。……其地又環岐周之西。」獯鬻地雖無可考，然考玁狁，知於書器上多載有其活動，因據不其敦、兮甲盤、虢季子白盤諸器，與《詩經》《史記》諸書，從文字與地理的考訂著手，推知「玁狁自宗周之東北而包其西，與鬼方昆夷之地全相符合。」三者地理考據結果所得若合符節，則三者同一，即可無疑。

次就稱名考訂，王國維以文字音韻為工具。先考鬼方，從盂鼎、毛公鼎、梁伯戈等銘文中鬼方之鬼作「畏」或「鬼」，依古文相通之例，知皆為古文「畏」

〔註24〕詳參林幹〈王國維對匈奴史之研究〉，見《王國維學術研究論集》第一輯，上海：華東師範大學，1983年，頁100～110。

字，故鬼方之名稱作畏方。又宗周之末有一隗國，據《國語‧鄭語》知乃春秋隗姓諸狄之祖，其國姓之名乃出於古之畏方，蓋「《春秋》《左傳》凡狄女稱隗氏而見於古文中，則皆作媿。……媿字依晚周省字之例，自當作鬼，其所以作隗者，當因古文畏作⿰、隗作⿰、⿰旁之卜與⿰旁之彡所差甚微，故又誤爲隗。」考昆夷，指出〈大雅‧綿〉琨夷，《說文》馬部的駃夷，口部的犬夷，《史記‧匈奴列傳》的緄夷、《尚書大傳》的畎夷，這混、昆、犬、緄四字聲皆相近，並進一步推求出：

> 皆畏與鬼之陽聲，又變而爲葷粥、爲薰育、爲獯鬻，又變而爲獫狁，亦皆畏、鬼二音之遺。畏之爲鬼、混之爲昆、爲緄、爲畎、爲犬，古喉牙同音也。畏之爲混、鬼之爲昆、爲緄、爲畎、爲犬，古陰陽對轉也。混昆與葷薰非獨同部，亦同母之字，獫狁則葷薰之引而長者也。故鬼方、昆夷、薰育、獫狁，自係一語之變，亦即一族之稱。
> 自音韻學上證之有餘矣。

王國維從古文字與音理上考求種族名稱之演變，是史學上頗爲新穎的手法，而這也是他秉持了乾嘉學者以來，從文字音韻入手的傳統治學方法，加以操作運用的一次成功範例。

再從活動記錄推考。謂「獫狁」二字於西周史籍或器銘多見，知其活躍於西周懿、孝、夷、厲、宣王之世，此後則不見。而「自幽平以後，至於春秋隱桓之間，但有戎號，莊閔以後，乃有狄號。」諸多的輾轉變化，其關係如何？王國維以事實爲基礎，發揮其聯想力，認爲：

> 宣王以後有戎狄而無獫狁者，非獫狁種類一旦滅絕，或遠徙他處之謂，反因獫狁荐食中國，爲害尤甚，故不呼其本名，而以中國之名呼之，其追紀其先世也，且被以惡名，是故言昆戎則謂之犬戎，薰鬻則謂之獯鬻，厥允則謂之獫狁。蓋周室東遷以後事矣。

這樣的推論頗合情理。他又考犬戎，亦不見於《詩》《書》古器，而首見於《左傳》《國語》等書，且諸書中之犬戎，皆昆夷、獯鬻、獫狁之代稱，最後他綜合總結道：

> 白狄僻在西方，不與中國通，故戎狄之稱泯焉。爾後強國并起，外族不得逞於中國，其逃亡奔走，復其故土者，或本在邊裔，未入中國者，戰國辟土時，乃復與之相接。彼所自稱，本無戎狄之名，乃復以其本名呼之，於是胡與匈奴之名，始見於戰國之，與數百年前

之獯鬻、玁狁，先後相應，其爲同種，當司馬氏作〈匈奴傳〉時，
蓋已知之矣。

王國維從以上三方面考證，得知鬼方、昆夷、玁狁實乃同一種族，亦是後世
匈奴一族之淵源，其間所論所得，多發前人所未發，在我國外族研究史上是
一大貢獻，在中國商周史研究上，也同樣提供了不少解決問題的依據。〈鬼方
昆夷玁狁考〉因而獲得了學者們一致的稱許。然而，在此同時要提出的，是
兩項王國維當時的限制和遺憾，而至今仍未得充分解決的問題：

第一、是卜辭證據的搜出。王國維在〈鬼方昆夷玁狁考〉全文中多用古
籍與金文，卻未嘗使用過任何一條卜辭資料，這對殷商鬼方的研究，是頗有
缺憾的。但事實上，時至今日，鬼方之確見於卜辭，也似乎僅有三次，是中
央研究院安陽發掘時所得〔註25〕。於民國16年已過世的王國維，是無法知曉
的。而繼續搜出卜辭證據的的這個工作，恐怕也只有等待學者們的留意和努
力了。

第二、是部族本身內在分合的發展歷程。王國維對鬼方諸族的研究，多
從外在變化著手，若能再得內在變化的證據，論點必更堅強。而其實王國
維也早已意識到「各族內部必有變化」，只是「此族春秋以降之事，載籍稍
具，而遠古之事，則頗茫然。」因此，在文史無證的情況下，他也只能提出
「中間或分或合……隨世異名，因地殊號」的簡單說明。不過，王國維從名
稱變化上，試圖推考內在變化，在史料依舊奇缺的今日，卻仍然是對研究
各族變化的一種有力揭露和啓示，餘下的問題，則只待史料的再出與學者的
研究了。

二、都　邑

〈殷周制度論〉一文是王國維《觀堂集林》壓卷之作。他在文中提出的
第一個觀念便是：

都邑者，政治與文化之標徵也。

於是他從上古談起，將古來帝王之都列舉出來，將之分爲東西二組，並以族

〔註25〕據董作賓《殷曆譜・武丁日譜》，頁40謂：除去懷疑吾方爲鬼方的卜辭尚待學
界認定，不能算入，其確寫爲「鬼方」之名者凡三見，皆中央研究院發掘殷墟
時所得，其編號分別爲：（4.2.0010）、（13.0.14064）、（13.0.515）〔此編號第一
數表示發掘次第，第二數表示字骨類，第三數以下爲所列之號〕，而第四次發
掘在民國20年，第十三次在民國25年，都已不是王國維所能見聞的了。

類與地理二項，比論三代起源，而得其結論：

> 自王帝以來，政治文物所自出之都邑，皆在東方，惟周獨崛起於西
> 土。……以族類言之，則虞夏皆顓頊後，殷周皆帝嚳後，宜殷周爲
> 親。以地理言之，則虞夏商皆居東土，周獨起於西方，故夏商二代
> 文化略同。

這一段話，眞正開啓了我國民族起源系統的研究〔註 26〕。而他的議論中透露
出的民族二分法，給予了後來研究者重大的啓發。

徐中舒〈從古書推測之殷周民族〉由載籍與古文字中提出四條證據，力
言殷周非同種民族。蒙文通《古史甄微》從先秦舊籍整理中發現上古有鄒魯、
三晉、楚三大民族系統。徐旭生《中國古史的傳說時代》依古史資料，認爲
古代有西方的華夏、東方的東夷、南方的苗蠻三大集團。然而傅斯年〈夷夏
東西說〉出〔註 27〕，則不僅在文獻中取證斑斑，更融合當時最新的考古資料，
極具說服力與震撼力地清楚標示出：

> 三代及近于三代之前期，大體上有東西不同的兩系統。這兩個系統，
> 因對峙而生爭鬥，因爭鬥而起混合，因混合而文化進展。夷與商屬
> 于東系，夏與周屬于西系。（《中國上古史選集》，頁 519）

此說一出，幾成定論〔註 28〕。諸如此類，不論二分法或三分法，其得啓發於
王國維〈殷周制度論〉，自無可疑。而王國維民族二系說的價值，也由此可
見。

〔註 26〕 我國近代研究民族史之開先，一般推稱劉師培。劉師培於 1905 年著成《中國
民族志》，實即一部「中國民族史」（見《劉申叔先生遺書（一）》，台北：台
灣大新書局，民國 54 年），頁 715～747。其書列述中國內地與邊疆數千年來
民族消長之史蹟，頗具條理，具參考價值。然關於漢族之起源，則採取西來
說，其荒謬悖理，早不爲學界接受。繼劉師培之後的王國維，其隱約透露之
二分法，才眞正引起了民族起源系統的研究。

〔註 27〕 徐中舒〈從古書中推測之殷周民族〉，《國學論叢》一卷一號，民國 27 年 6 月，
頁 109～113。蒙文通《古史甄微》，商務印書館，民國 57 年。傅斯年〈夷夏
東西說〉，《慶祝蔡元培先生六十五歲論文集》下冊，民國 24 年，頁 1093～
1134。又收錄於杜正勝編《中國上古史論文選集》，台北：華世出版社，民國
68 年初版，頁 519～576。

〔註 28〕 除了民族起源的二分法與三分法之外，另有同源說，如《史記》、《世本》、《大
戴禮》；多元說，如潘英《中國上古史新探·中國上古時代的「國」》，台北：
明文書局，民國 74 年初版，頁 13～161；相承說，如張光直《中國青銅時代·
從夏商周三代考古論三代關係與中國古代國家的形成》，台北：聯經出版公
司，民國 76 年初版三刷，頁 31～64。

　　唯王國維在〈殷周制度論〉首段所言諸般，初看時，不免令人產生「創意有餘，論據不足」之感。蓋從族類言之，虞夏、殷周分傳爲顓頊、帝嚳之後裔，然顓頊、帝嚳卻皆爲未得證實之傳說人物，此立論薄弱之一也。又以地理言之，除殷周已得證實外，其餘自上古以至虞夏，所傳帝王之都，皆得知於古籍傳說，此又立論薄弱之二也。但這兩個問題，不僅是考古學初萌芽的當時所無力解決，而且是即使在考古學發達的今日，也尚且無法完全解決的。因此，當傅斯年舉證歷歷，遙相呼應之時，我們便又不得不佩服王國維的學術洞察力，竟是如此敏銳精到。

　　王國維對商周時代都邑的考索，可視爲其商周史研究的準備工作。在他完成商周史研究的第一篇作品——〈明堂廟寢通考〉之後的第二年，他便著手進行古代地理的考究，從而完成了〈三代地理小記〉的一系列論文。可見得，他是多麼重視史學研究中空間概念的明確。王國維關於商周都邑方面的研究，主要有兩大類：一是古籍所載商周都邑的考證，代表作即爲〈三代地理小記〉六篇——〈說自契至於成湯八遷〉、〈說商〉、〈說亳〉、〈說耿〉、〈說殷〉、〈周莽京考〉，二是孤立單名的解釋，代表作爲卜辭研究所得的〈殷虛卜辭所見地名考〉，和金文研究所得的〈周時天子行幸征伐考〉。

　　殷商居所屢遷，然舊史記載，缺誤不詳。王國維首先綜合論證，予以梳理，〈三代地理小記〉即針對此而發。〈說自契至於成湯八遷〉一文將成湯以前八遷的都城所在，一一整理出來，得到了初步的結論。此文全據舊籍文獻寫成，在材料與結論上不免產生一些問題，例如：他引用了一條今本《竹書紀年》的資料，而導致了材料眞僞之辨〔註29〕；依《尚書》八遷之說立論，有遷就成說之嫌〔註30〕；泰山下相土東都是否可算一遷〔註31〕等。然誠如王

<hr>

〔註29〕《王國維學術研究論集（一）》中史念海、曹爾琴所作〈王靜安對歷史地理學的貢獻〉，即謂：今本《竹書紀年》王國維已全力搜證，證其爲僞，有〈今本竹書紀年疏證〉二卷。王國維在〈說自契至於成湯八遷〉中所引的今本《竹書紀年》一條，有其認爲可用的理由，他說：「《山海經》郭璞注引《眞本紀年》，有殷王子亥、殷上甲微、稱殷不稱商，則《今本紀年》此事或可信。」他並且以此批評梁玉繩，因爲梁玉繩《史記志疑》引《路史‧國名紀》，以上甲居鄴爲一遷，殊不知鄴即殷也。這個史料問題，如果《今本紀年》此條可信，自是較《路史》爲長。

〔註30〕張光直《中國青銅時代第二集‧夏商周三代都制與三代文化異同》，頁 18 即明說：「王國維《說自契至於成湯八遷》，復考究古籍，將八遷勉強湊齊，未盡可靠。」原載民國73年《中央研究院歷史語言研究所集刊》第五十五本第一分，頁 51～71。又台北：聯經出版公司，民國 79 年初版。

國維自己所說：

> 雖上古之事，若存若亡，《世本》《紀年》亦未可盡信。然要不失爲
> 古之經說也。

史籍傳說中都邑遷徙的整理，對於殷商活動範圍輪廓的了解，也具有相當程度的幫助。因此，在「前修未密，後出轉精」的學術原理面前，即使結論有所偏失，其篳路藍縷的考證貢獻，仍是不容抹殺的。

殷商都邑所在，說者往往各有所見，王國維爲加強論證，續作〈說商〉〈說亳〉二文。廣徵博引，指出「宋、商、商邱，三名一地。」而宋、商互稱，乃因「宋與商聲相近，初本名商，後人欲以別於有天下之商，故謂之宋耳。」至於亳地，古來以此名者甚眾，王國維採取綜列可疑，逐一淘汰，舉證立說的步驟，考證得亳在蒙之西北，即漢山陽郡薄縣也（今山東曹州府曹縣南二十餘里）。商乃國號，亳是湯王業成基之地，關係殷商歷史至大，王國維對此二地之考證亦周詳甚於〈說自契至於成湯八遷〉。

另有〈說耿〉一文，藉考耿地，辨正祖乙所遷當爲邢邱，而非距河已遠的耿鄉。後以商居殷最久，作〈說殷〉，取古籍、《竹書》與考古事實，糾正〈書序〉及《史記》「以殷爲亳」之誤，並由此印證羅振玉《殷虛書契考釋》中以康祖丁爲庚丁、武祖乙爲武乙、文祖丁爲文丁之說爲不易之論，且證明《史記·正義》所引《竹書》乃爲實錄，其於經史之益甚大。

王國維對商代都邑所論有數，對周代則唯有菶京一地，這不僅因爲彝器中多有提及，且因菶京具有類似周之陪都、神都的性質，地位重要〔註32〕。王國維由確定太原的位置，推而考得京乃即秦漢之薄坂（今蒲州）。此一結論受到學者不同意見的質疑〔註33〕，然能由此而引起學者們對彝器所記地名的細究，亦未嘗不無可喜。

至於獨立單名解釋的兩篇作品，可視爲王國維對甲骨金文分類研究的簡

〔註31〕陳夢家《卜辭綜述》，頁 251 有此一疑。

〔註32〕周朝當時有三都，即王都宗周、東都成周、及被作爲神都，内有祭祀先公之所——辟雍的菶京。據中譯本白川靜《金文的世界》，台北：聯經出版公司，民國 78 年初版，頁 51。

〔註33〕質疑者如唐蘭〈菶京新考〉，載《史學論叢》一卷；該文頁 7 即謂：「金文之菶京，或作葊，或作旁，既即〈小雅〉之方，方與鎬本一地，則葊京之地，即鄗也。」

　　　郭沫若《周代金文圖錄及釋文（三）》亦謂：「葊……當即旁之古字，菶則旁之繁文也。」台北：台灣大通書局，民國 60 年初版，頁 32。

考。就卜辭而言，雖然「殷虛卜辭中所見古地名多至二百餘」，但「其字大抵不可識，其可識者亦罕見於古籍」，其略可定者，在〈殷虛卜辭中所見地名考〉中僅八例，但得到：

> 此八地者，皆在河南北千里之內，又周時亦有其地。

對於遠商地理的確定，具有重要貢獻。早先於〈說亳〉篇中所言「卜辭所載地名，大抵在大河南北數百里內」的概論心得，也因此得到了實例的印證。這些結論說明了：不僅卜辭與文獻的記載能互相符合，也能與地理的實際形勢相符合。為卜辭的作為考史之用，有了更進一步的準備。〈周時天子行幸征伐考〉徵於彝器，共得十九地，然其於相關征伐之事，則達二十五件。考地與考史為相輔相成之一體兩面，在此得到了最好的例證。

第四節　商周文化比較

商周文化之間的差異，王國維認為是很懸殊的。〈殷周制度論〉首段第一句就說：

> 中國政治與文化之變革，莫劇於殷周之際。

又說：

> 夏殷間政治與文物之變革，不似殷周間之遽烈矣。殷周之大變革，自其表言之，不過一姓一家之興亡，與都邑之移轉。自其裏言之，則舊制度廢而新制度興，舊文化廢而新文化興。又自其表言之，則古聖人之所以取天下及所以守之者，若無以異於後世之帝王。而自其裏言之，則其制度文物與其立制之本意，乃出於萬世治安之大計，其心術與規摹，迥非後世帝王所能見也。

在此，我們就從宗教道德與禮儀制度兩方面來加以探討。

一、宗教道德

王國維說：

> 殷周之興亡，乃有德與無德之興亡。

似乎，道德是殷周文化的最大差異處。他舉出《尚書》中之〈牧誓〉、〈多士〉、〈多方〉、〈酒誥〉、〈西伯戡黎〉、〈微子〉諸篇，說明不僅是敵國周人，甚至是殷人自己，都一致地指陳殷商綱紀道德之敗廢。王國維綜合地說：

> 夫商道尚鬼，乃至竊神祇之犧牲，卿士濁亂於上，而法令墮廢於下。

舉國上下，惟姦宄敵讎之是務，固不待孟津之會、牧野之誓，而其
亡已決矣。而周自大王以後，世載其德，自西土邦君御事小子，皆
克用文王教，至於庶民，亦聰聽祖考之彞訓。

商之事鬼，周之德治，史籍屢記，商周文化之由此而各爲特色，亦爲古來爲
之區分者之著眼處，《禮記‧表記》中的一段話，最足以爲代表：

殷人尊神，率民以事神。先鬼而後禮，先罰而後賞，尊而不親。其
民之蔽，蕩而不靜，勝而無恥。周人尊禮，尚施。事鬼敬神而遠之，
近人而忠焉，其賞罰用爵列，親而不尊，其民之蔽，利而巧，文而
不慚，賊而蔽。

商人對祖先神明的崇拜及其崇拜的活動，幾近於宗教，而這宗教幾乎就支
配，甚至構成了他們的生活。鬼神與商人是接近的，與周人似乎則是遙遠
的。殷人每事問卜，祭祀繁複而隆重，在青銅、玉石等禮器的製作雕刻上，
無不要求森嚴完美〔註 34〕。周人則以定制禮敬之，並且要求在上者兢兢德
治，在下者盡己守分，認爲人之有德與否，才是上天賜福降禍的根據。周人
指斥殷世昧於事鬼，荒於治世，本末倒置，以致未得福賜，反得降禍。王國
維加以引申說：

禮經言治之跡者，但言天子、諸侯、卿大夫、士，而《尚書》言治
之意者，則惟言庶民。〈康誥〉以下九篇，周之經綸天下之道胥在焉。
其書皆以民爲言，〈召誥〉一篇言之尤爲反覆詳盡，曰命、曰天、曰
民、曰德。……

故其所以祈天永命者乃在德與民二字。文武周公所以治天下之精義
大法胥在於此，故知周之制度典禮，實皆爲道德而設；而制度典禮

〔註34〕 以動物紋樣之雕鑄裝飾爲例，在青銅器方面，張光直《中國青銅時代‧商周
青銅器上的動物紋樣，頁 356 指出：「商代和西周初期青銅器的裝飾花紋之以
動物紋樣爲其中心特徵，是研究商周青銅藝的學者們共同指出來的一件事
實。動物紋樣的發達的形式在安陽殷虛達到了高峰。」
在玉石方面，那志良《古玉論文集‧獸面紋》，頁 437 據統計數字歸納說道：
「玉器上的獸面紋，也是以商爲最盛。」同書另一文〈玉的雕琢〉依巧拙之
別也同樣認爲：「現在存世古玉，雕琢之精，殷商之器，可以算得上極精之品。」
台北：國立故宮博物院。民國 72 年初版，頁 325。
而這些動物紋樣的雕作意義，即如張光直在上引同書另一篇論文〈商周神話
與美術中所見人與動物關係之演變〉，頁 329 中所敘述的學界共識：「研究本
題的學者，泰半都能同意，商周神話與美術中的動物，具有宗教上與儀式上
意義。」宗教活動的發達與器物制作的要求，是具有密切關聯性的。

之專及大夫士以上者，亦未始不爲民而設也。

周以「民」「德」爲治道之中心，正標顯了周代文明呈現高峰的主要原因，侯外盧並且認爲此段議論「堪與先秦諸子中荀子法後王的王制論相當」（《近代中國思想學說史》，頁973）。

由「民」「德」觀念之有無，亦可見得商周二代對生命觀點的不同。王國維在〈與友人論詩書中成語書二〉中有言：

四國之民與武庚爲亂，成王不殺而遷之，是重予以性命也。

「全其性命」、「不殺而遷」表示了周人對生命的尊重，而這與殷人的大量人牲，實在形成了對比〔註35〕。然而此一對生命的不同對待，實在是與殷周二代的生活型態有密切關係。殷商或以游牧爲主〔註36〕，「不常厥邑」（《尚書·盤庚上》），因此，安定感較弱，性格較強悍，對他人生命的認同也較淡，〈表記〉中所說的「先罰而後賞，尊而不親，蕩而不靜，勝而無恥」，都是如此生活背景下的結果。相反的，周朝以農立國，安土重遷，因此，人際關係親密固定，生活安定質樸，多一分人力便多一分生產力，對生命的保存延續，也是他們改善生活的方式之一。所以，當殷人有所俘虜時，在祭神敬天的宗教意識與減少糧食消耗的現實考量下，便將之殺殉作爲牲品；而當周人有所俘虜時，德治教化的政治理想與添加勞動力的生產需求，都使周人願意將之安撫訓練。因此，我們不能以「殺人就是不道德」的後世思想，來責備或貶抑殷商文化，在當時的社會背景之下，殺人，其實也是殷人維護生存的一種方式啊！

〔註35〕例如梁思永、高去尋合著之〈侯家莊第二本一〇〇一大墓〉一文即指出，其陵墓之隧道與墓穴中散延著殉葬的屍骨，夯土層內也有不少的人骨，並且陵墓四周安排了整齊的殉葬坑，供以埋葬王室的衛隊。《中國考古學報集之三》，台北：中央研究院，民國57年。

又卜辭也明白記載了殷人的殺戮數目，例如：《殷虛書契後編·下》，頁43第九片：「八日辛亥，允戈伐二千六百五十六人。」即一驟人的大數目。

《殷虛書契前編》中的卜辭則透露了人與牲畜同樣作爲祭祀的犧牲。例如：「丁酉卜，貞：王窚文武丁，伐十人，卯六牢，鬯六卣。亡尤。」（一卷18頁四片）

〔註36〕據侯外盧《中國古代社會史論》，頁53，謂：「有人會說，盤庚以前凡八遷，到盤庚便定居下來不再遷徙，似乎盤庚以下二百餘年並不是游牧生活了，其實不然。……既然有許多遷移的事件，那末，至少可以斷定，殷末農耕的制度，不能超過庭園農業生產，而且這種生產是和游牧業混和著的。」可見得，游牧一直是商人的主要生產生活方式。本書未載出版資料。

二、禮儀制度

就禮儀制度上而言，王國維認爲：

> 欲觀周之所以定天下，必自其制度始矣。周人制度之大異於商者，
> 一旦立子立嫡之制，由是而生宗法及喪服之制，并由是而有封建子
> 弟之制，君天子臣諸侯之制；二曰廟數之制；三曰同姓不婚之制。

這些周之大異於殷者，正乃配合說明王國維所謂的尊尊、親親、賢賢、男女有別四者。然而這些制度眞的是商無周有的大差異嗎？以今日研究成果而論，答案大部分是不盡然的。王貴民〈《殷周制度論》評議〉即針對此提出總評：

> 關於周人「大異」於商的制度，立嫡立長的繼承制、宗法制度、封
> 建子弟、廟祧制度和王權的名位問題，我們在書中都討論過了。根
> 據商周間的實際史料，加以繫聯、比較和論證，上述各項都呈現出
> 一個共同的有規律性的現象，二代之間都是基本相同，一個體系而
> 有前後發展的差異，表現爲歷史的繼承性與發展階段性的有機統
> 一。有的在商代爲雛型，到西周比較明確形成制度。在這裏，二代
> 的差別不是有與無的問題，更不是「大異」，而是量變到質變的問題，
> 由有實無名到有實有名的問題。

王國維在比較殷周二代文化差異時，或許因其立場意識﹝註 37﹞，而致使觀察難以全面。

如果我們再求之於書籍與實物，也可以發現：商周文化，有很多是相沿襲的，從文獻上看，《禮記‧檀弓》記載了孔子及其門人治喪仍雜用殷禮：

> 孔子之喪，公西赤爲志焉。飾棺牆，置翣，周也。設崇，殷也。綢
> 練設旐，夏也。

> 子張之喪，公明儀爲志焉。褚幕丹質，蟻結於四隅，殷士也。

《禮記》記三代祭禮乃大同小異，如〈檀弓〉：

> 夏后氏尚黑，大事斂用昏，戎事乘驪，牲用玄。殷人尚白，大事斂
> 用日中，戎事乘翰，牲用白。周人尚赤，大事斂用日出，戎事乘騵，
> 牲用騂。

﹝註37﹞陳夢家《卜辭綜述》，頁 630：「此文之作……事實上是由鼓吹周公的封建制
　　　　度，而主張清代的專制制度。」

《明堂位》：

> 有虞氏祭首，夏后氏祭心，殷祭肝，周祭肺。夏后氏尚明水，殷尚
> 醴，周尚酒。

《祭義》：

> 郊之祭，大報天而主日，配以月。夏后氏祭其闇，殷人祭其陽，周
> 人祭日以朝及闇。

《孟子‧滕文公》記三代之學謂：

> 夏曰校，殷曰序，周曰庠，學則三代共之。

《墨子‧公孟》記周人著殷季禮服：

> 公孟子戴章甫。

《儀禮‧士冠禮》：

> 章甫，殷道也。

眾多的例子，都在字裏行間透露出三代之間的文化類似性。

　　若從今日考古看，商朝的青銅製作，在數量與做工上，都並不遜色，有
時甚至超越周代，安陽時期更號稱為商周青銅器的最高峰〔註38〕，可見殷商
文化並不遜於周代。而青銅器中又皆以飲食器為主，甚至酒器中有觚爵一類
成套的器物，證明殷周二代都對祭祀飲食有著同樣的重視；在陶器工藝上，
商周都以三足或圈足的灰色繩紋陶為主〔註39〕；周原甲骨的出土，證明了商
周同樣都有骨卜的習慣〔註40〕；鳳雛村建築遺址的發現，呈現了與殷商相同
的夯土技術與方向定位〔註41〕。殷周具體遺物所帶來的訊息，仍舊是殷周文
化的相承性，因此，張光直以考古學家的眼光說：

〔註38〕據容庚、張維持《殷周青銅器通論》，頁2：「在殷墟中我們已發現了許多青
銅的矢鏃、句兵、矛、刀、削、斧、鏟等武器和割切器，無數的精美的青銅
容器，不少的銅器範和冶銅工具等，可見殷代已達青銅器全盛時期。」另石
璋如〈殷代的鑄銅工藝〉則從技術層面推崇「殷代的工藝，已經進步到很輝
煌很精工的階段。」《中央研究院歷史語言研究所集刊》第二十六本，頁 95
～129。

〔註39〕詳參石璋如〈關中考古調查報告〉，其「結語」，頁315謂：「遺物中以灰色繩
紋陶為多，其形制與安陽小屯殷商文化層中之遺物相類似。」《中央研究院歷
史語言研究所集刊》第二十七本，頁 205～323。

〔註40〕周原考古隊〈陝西岐山鳳雛村發現周初甲骨文〉，《文物》1979 年（十），頁
38～43。

〔註41〕周原考古隊〈陝西岐山鳳雛村西周建築基地發掘簡報〉，《文物》1979 年（十），
頁 27～34。

　　數十年來的古史與考古研究，都充分證明了：殷到周之間中國文明
　　史上，可以說是沒有什麼顯著的變化，甚至從考古學上說，從考古
　　遺物上去辨認晚商與早周的分別，常常有很大的困難。〔註42〕
總結來說，商周之間的文化，大體上是逐步累進的，誠如嚴一萍所說：

　　綜觀三代文化，固有異同之處，未踰損益相因；尋其本則一脈相承，
　　未嘗有變焉。〔註43〕

〔註42〕分見張光直《中國青銅時代》之〈殷商文明起源研究上的一個關鍵問題〉，
　　　　頁89，及〈商周神話與美術中所見人與動物關係之演變〉，頁347。
〔註43〕見嚴一萍〈夏商周文化異同考〉，《大陸雜誌特刊》第一輯，民國41年，頁
　　　　394。

第六章 王國維對商周史研究之貢獻與影響

第一節 重建商周史眞貌

治古史深受王國維啓發的郭沫若，於其 1947 年發表的〈我是中國人〉一文中，曾憶述他如何爲其古史研究作準備，他說：

> 我跑東洋文庫，頂勤快的就只有開始的一兩個月。就在這一兩個月之內，我讀完了庫中所藏的一切甲骨文字和金文的著作，也讀完了王國維的《觀堂集林》。我對於中國古代的認識算得到了一個比較可以自信的把握。〔註1〕

這一段話正好爲王國維在勾勒商周史眞貌上的貢獻和影響，提供了一個實例。一部《觀堂集林》透顯出來的古代史實況，成爲與甲骨金文同等權威的著作，這樣的成就，是很少人能夠達成的，而王國維做到了。直到今天，在王國維逝世六十四年之後，《觀堂集林》仍然是欲探商周史眞相的人，所最信賴的入門階。王國維所勾勒的商周史眞貌，主要是由其具有示範性的著作，與指引治史尋根正途兩方面，來展現他過人的貢獻與影響。

一、領導商周史研究

王國維治經目的在史，治文字、器物目的也在史，他欲從史學中求其可

〔註 1〕見《沫若文集》第八卷，頁 346～347，引自金達凱《郭沫若總論》，台北：商務印書館，民國 77 年初版，頁 205。

信，而他終也以傑出史學家的形象，在近代中國屹立發光。

王國維〈殷卜辭中所見先公先王考〉及〈續考〉，證實除了少數幾位之外，絕大部分的殷世帝王都能在卜辭中找到。王國維爲殷代，大體整理了一個可信的世系。由於他的整理成功，爲後來研究者樹立模範，因此繼其後者，不乏其人。郭沫若的《卜辭通纂》，由王國維之學說向前推進，證成了卜辭的戔甲即〈殷本紀〉的河亶甲，卜辭的羌甲即〈殷本紀〉的沃甲，卜辭的象甲即〈殷本紀〉的陽甲，並在上甲以前的先世中，增入了河；董作賓〈甲骨文斷代研究例〉與《卜辭通纂》約略同時出版〔註2〕，他補足了卜辭中的文武丁，增加孝己（即且己）一王，於上甲以後的先王，則以爲康丁卜辭的兄辛是廩辛。吳其昌則證實了卜辭雍己的存在〔註3〕。至此，〈殷本紀〉所述上甲以後先王，除了沃丁、中壬之外，全部都於卜辭中得到證實了。凡此不斷推進的研究當中，王國維成就特出的著作，實在是發揮了示範性的領導作用。

王國維的許多研究題目，也都啓發了後人作更深廣的探索。例如〈生霸死霸考〉之後，金文月相有了熱烈討論，董作賓的〈周金文中的生霸死霸考〉〔註4〕，勞榦〈周初年代問題與月相問題的新看法〉〔註5〕，龐懷清〈西周月相解釋「定點說」芻議〉〔註6〕、劉雨〈金文「初吉」辨析〉〔註7〕，都提出了或同或異的說解。

〈殷人以十日爲名之所由來〉則引發了商王廟號之辯，董作賓〈論商人以十日爲名〉主張「以死日爲神主之名」〔註8〕，陳夢家〈商王名號考〉及《殷虛卜辭綜述》主張「卜辭中的廟號，乃是致祭的次序」〔註9〕，李學勤〈評綜述〉主張「殷人日名乃是死後選定的」〔註10〕，張光直〈商王廟號新考〉則

〔註2〕 民國22年董作賓〈甲骨文斷代研究例〉面世。郭沫若《卜辭通纂》也於民國22年，由日本東京文求堂書店出版。

〔註3〕 見《武漢文哲季刊》三卷四期，頁675。又見《殷虛書契解詁》，頁117。

〔註4〕 刊於《傅故校長斯年先生論文集》，台北：台灣大學，民國41年12月，頁139〜152。

〔註5〕 刊於《中國文化研究所學報》七卷一期，民國63年，頁1〜26。

〔註6〕 刊於《文物》1981年（十二），頁74〜78。

〔註7〕 刊於《文物》1982年（八），頁29〜36。

〔註8〕 刊於《大陸雜誌》二卷三期，民國40年，頁6〜10。

〔註9〕 〈商王名號考〉首刊於民國28年重慶《中央日報》讀書第一號，又刊於《燕京學報》第二十七期，民國29年。

〔註10〕 刊於《考古學報》，1957年（三），頁123。轉引自張光直《中國青銅時代》，頁158。

主張其原則「係商王室的親屬制度與婚姻制度,及王妣生前在此種制度中的地位」〔註11〕,不同的證據,不同的說解,眾說紛紜,而皆以王國維為討論起點。

〈釋史〉一篇促使學界重新檢視史字的釋義,最有名的當推勞榦〈史字的結構及史官的原始職務〉,他認為史字所從之中字是表示弓鑽,史官的初義是掌管占卜的人〔註12〕;戴君仁〈釋史〉則反對,認為史字所從之中字乃表示簡冊之形,史則與巫相近〔註13〕。另外還有胡適的〈說史〉、沈剛伯的〈說史〉都提出了不同的看法。〔註14〕

王國維〈宋代金文著錄表〉與〈國朝金文著錄表〉是我國銅器著錄通檢之始,他完整的體例與細膩的搜求,成為當世令人眼光為之一亮的大製作。因而很快就有了繼承之作,1928 年容庚的《重編宋代金文著錄表》,與 1931 年羅福頤的《三代秦漢金文著錄表》,即是針對王國維之作所進行的修補。再有容庚的〈西清金文真偽存佚表〉、羅福頤的〈內府藏器著錄表〉、福開森的〈歷代著錄吉金目〉,都是後起之作。〔註15〕

王國維於 1922 年,為北京大學研究所國學門所擬設的四個研究發題之一〈共和以前年代之研究〉,自謂「此事甚為煩重,非數年之力所能畢事」〔註16〕,在當時雖未能立即有所得,然自王國維拋磚引玉至今日,西周初期年代之研究已幾乎成為一門專題。在早期有弟子吳其昌〈殷周之際年曆推證〉

〔註11〕原刊於《中央研究院民族學研究所集刊》第十五期,民國 52 年,頁 65～95。又刊於張光直《中國青銅時代》,引句採自該書,頁 166。

〔註12〕刊於《大陸雜誌》十四卷三期,民國 46 年,頁 4。

〔註13〕刊於台灣大學《文史哲學報》第十二期,民國 52 年,頁 55。

〔註14〕胡適〈說史〉認為:「古代流傳的『史』,都是講故事的瞽史編演出來的故事。」原載民國 47 年 12 月《大陸雜誌》第十七卷十一期,又收錄於杜維運、黃進興編《中國史學史論文選集一》,台北:華世出版社,民國 68 年 10 月初版二刷,頁 6。

沈剛伯〈說史〉認為:「史為一種人的名稱或職銜,並非指書。」原載民國 59 年 12 月 21 日《大華晚報·讀書人》,又收錄於《中國史學史論文選集一》,頁 15。再有徐復觀〈原史——由宗教通向人文的史學的成立〉認為:「史的原始職務,是與『祝』同一性質,本所以事神。」原載 1977 年 8 月《新亞學報》十二卷,又收錄於杜維運、陳錦忠編《中國史學史論文集選集三》,台北:華世出版社,民國 74 年 2 月初版再印,頁 4～6。

〔註15〕引自顧頡剛《當代中國史學·下編》,台北:新文豐出版社,民國 71 年初版,頁 112。

〔註16〕見 1922 年 12 月 8 日王國維致沈兼士書,《書信》,頁 332。

承題而作〔註17〕，有日本新城新藏〈周初的年代〉〔註18〕、吳其昌〈金文歷朔疏證〉〔註19〕、董作賓〈殷曆譜〉、〈西周年曆譜〉〔註20〕，晚近有黎東方〈西周青銅器銘文中之年代學資料〉〔註21〕，以及周師法高〈陝西省岐山縣董家村西周的年代問題〉、〈西周年代新考〉。〔註22〕

　　另有關於甲骨斷代，王國維曾於《殷虛書契後編》中有兩組推斷成功的例子。後人在此乍現的光輝之後繼續向前探究，成績最可觀者，首推民國 22 年董作賓的〈甲骨文斷代研究例〉，他在王國維以稱謂斷代的基礎上，訂出了斷代的十個標準，使甲骨學進入了分期整理與分派研究的階段。繼董作賓者，則有嚴一萍於民國 49 年 7 月撰成〈甲骨文斷代研究新例〉，又於民國 71 年 8 月出版《甲骨斷代問題》一書〔註23〕，為甲骨斷代的研究作出一番總整理。

　　至於甲骨之綴合，由王國維首先發現並綴合成功一例。學者們咸認這是發達甲骨學的基本工作，也都能留心此業，而有零散成果。其中最為專力的，當推曾毅公。他於民國 28 年 11 月即出版《殷契叕存》，1955 年 4 月又與郭若愚、李學勤等合著《殷虛文字綴合》〔註24〕，頗具貢獻。晚近則有嚴一萍於 1975 年出版《甲骨綴合新編》一部，發表其個人的綴合成績〔註25〕。甲骨綴

〔註17〕刊於《國學論叢》二卷一期，民國 29 年 8 月，頁 149～241。

〔註18〕刊於《國學論叢》二卷一期，頁 55～148。另有吳其昌〈新城博士周初之年代商兌〉於同期提出相對討論。

〔註19〕刊於《燕京學報》第六期，民國 18 年 12 月，頁 1047～1128。

〔註20〕《殷曆譜》刊於民國 34 年 4 月《中央研究院歷史語言研究所專刊》第四冊〈西周年曆譜〉刊於《中央研究院歷史語言所研究所集刊第二十三本・傅斯年先生紀念論文集・下冊》，民國 41 年 7 月，頁 681～760。

〔註21〕台北：台灣學生書局，民國 64 年初版。

〔註22〕〈陝西省岐山縣董家村西周的年代問題〉刊於《大陸雜誌》五十八卷三期，民國 68 年，頁 1～10。〈西周年代新考〉刊於《大陸雜誌》六十八卷五期，民國 73 年。

〔註23〕〈甲骨文斷代研究新例〉刊於《中央研究院歷史語言研究所集刊外編第四種・慶祝董作賓先生六十五歲論文集》。《甲骨斷代問題》由藝文印書館出版。

〔註24〕《殷契叕存》一冊，由齊魯大學國學研究所出版。據《甲骨學論著提要目錄三種》中之胡厚宣〈五十年甲骨學論著目錄〉，台北：華世出版社，民國 64 年初版，頁 168。《殷虛文字綴合》共綴合四八二片，書由北平科學出版社出版。據《續甲骨年表》，頁 151，該書為曾毅公等人，將中央研究院歷史語言研究所考古報告集之二《殷虛文字甲編》、《殷虛文字乙編》之碎片綴合的成果。

〔註25〕《甲骨綴合新編》乃嚴一萍將《殷虛文字甲編》與其他書的綴合成績。台

合至此，可謂成果豐碩。

二、指引學術途徑

民國初年，是我國由傳統史學過渡到新史學的轉型期。這時的中國古史，首當其衝，同時面對了疑古與信古的分歧。疑古者以顧頡剛的古史辨為代表；信古者如章太炎之相信三皇五帝的古史系統，而不信甲骨金文〔註26〕。此二者各執一端，王國維曾批評說：

> 皇甫謐作帝王世紀，亦為五帝三王盡加年數，後人乃復取以補太史
> 公書，此信古之過也。至於近世，乃知孔安國本《尚書》之偽，紀
> 年之不可信。而疑古之過，乃併堯舜禹之人物而亦疑之。其於懷疑
> 之態度及批評之精神，不無可取。然惜於古史材料，未嘗為充分之
> 處理也。（〈古史新證〉）

王國維所主張的是，同時兼採文獻與器物的二重證據法。

信古者在新思潮與新史料的雙重衝擊下，早已站不住腳。疑古派則在胡適、顧頡剛等學者的有計畫行動下，於掃除荒誕不經的古史傳說上，作出了相當的貢獻。但是疑古派的作法，卻容易失之於對古史玉石俱焚的全盤否定之危機。顯然的，這條路徑只能篩除蒙蔽古史真相的障礙，但無法有效地開發古史的真相。唯有王國維以紙上與地下材料相互證發的二重證據法，才積極地為研究商周古代史的尋根工作，規畫了一條正途。而王國維的研究成果，也具體地建設了可信的中國商周史系統，成為後來學者明確的學習指導。

顧頡剛的一段觀察，很能表現王國維在商周史研究途徑上的開元引導地位，他說：

> 古金文和甲骨文的研究，在清末已發其端，到了民國時代，王國維
> 先生首先利用這類考古學上的材料，參酌了文獻來研究商周史的真
> 相，及門諸子和近世諸學者，多能繼續他的精神，不斷探求，於是

〔註26〕章太炎《國故論衡・上・理惑篇》有言：「近有掊得龜甲者，文如鳥虫，又與彝器小異，其人蓋欺世豫賈之徒，國土可鬻，何有文字。而一二賢儒，信以為質，斯亦通人之蔽。……至質白盛，其人非遠，龜甲何靈，而能長久若是哉。鼎彝銅器，傳者非一，猶疑其偽，況于速朽之質，易薶之器，作偽有須臾之便，得者非貞信之人，而群相信以為法物，不其慎歟？」台北：廣文書局，民國66年五版，頁59。

北：藝文印書館，民國64年初版。

古史的研究又開一新紀元，眞古史的骨幹也漸漸豎立起來了。(《當代中國史學》，頁 126)

談及近代中國史學不能不談及王國維，而王國維影響之廣被，則由其弟子之作爲中可有所明白。

王國維一生治學，然教學之日不多。除早年於通州師範學校教授社會學，關係此題較遠，弟子亦無從查考外，於史學或國學影響較深者，當推北京大學研究所國學門，與清華大學國學研究院，其弟子頗有可查者。另外還有通訊問學與私心傾仰以爲導師者，此輩雖未親炙，然受學之深不遜於及門弟子，其影響之大，更可與之相媲美，甚或過之。茲將查考所得，列表如下：

王國維親授弟子──清華國學研究院

1.徐中舒	2.周傳儒	3.史念海	4.戴家祥(柏生)	5.王靜如(柏生)
6.謝國楨(剛主)	7.王 力(了一)	8.姜寅清(亮夫)	9.高 亨(晉生)	10.蔣天樞(秉南)
11.何士驥	12.衛聚賢	13.杜剛百	14.劉盼遂	15.陸侃如
16.吳其昌	17.方壯獻(欣安)	18.陳守貴	19.羅根澤	20.黃淬伯
21.楊筠如	22.姚名達	23.王 庸	24.侯 墭	25.余永梁(紹孟)
26.趙邦彥	27.朱芳圃(芸僧)	28.劉 節(子植)	29.程 憬	30.謝星朗
31.黃 綬	32.藍文徵	33.馮國瑞	34.楊鴻烈	35.陶國賢
36.吳金鼎	37.顏虛心	38.朱廣福	39.王竟弟	40.王 竟
41.劉紀澤	註：此弟子名錄據洪國樑《王國維之經史學》，頁 271 之題名錄增補而成。表列於此，以求完備。			

王國維通訊弟子

姓　名	出　　　　　　　　處
1.容 庚(希白)	《書信》有十封信函，並〈重編宋代金文著錄表序〉有言。
2.唐 蘭	《書信》有八封信函，並題記一篇。
3.陳邦懷	《書信》有五封信函，並跋文一篇。
4.何之謙(達安)	《書信》有二封信函，此下五人皆北京大學國學門學生。
5.李滄萍(菊生)	
6.安文溥(仲智)	

7. 王盛英（翰存）	
8. 赫立權（禹衡）	
9. 董作賓	據容庚《甲骨學概況》（1947）：容庚與此下三人，皆王國維任北大研究所國學門通訊導師時之研究生。引自〈論羅振玉與王國維在古文字學領域內的地位和影響〉，頁103
10. 丁　山	
11. 商承祚	商著《殷虛文字類編》曾求序於王國維。

王國維私淑弟子

1. 趙萬里	爲王國維任教清華大學時之助理，所著《王靜安先生年譜》末記：「（里）與先生有戚誼，且侍先生講席久。」〈王靜安先生手批手校書目〉署目「同邑受業」，其爲先生弟子無疑。
2. 顧頡剛	顧著〈悼王靜安先生〉：「靜安先生教我怯，故我細針密縷。」
3. 郭沫若	郭著《歷史人物》：「我最欽佩的是魯迅和王國維」。
4. 侯外廬	侯著《中國古代社會史論‧自序》：「我自己從事這項研究是有依據的，一是步著王國維先生的後塵……」
5. 日本‧貝冢茂樹	貝冢著《中國古代再發現‧序論》，頁2～8。（註：東京：岩波書店，1979年一刷）
6. 胡厚宣	此下二人，據周傳儒〈史學大師王國維〉，頁116。
7. 聞在宥	
8. 柯昌濟	《王國維先生全集‧殷虛文字類編序》

　　王國維對商周史研究途徑的指引，其所引發的具體著作成果，莫過於〈古史新證〉。此文一出，不僅掃除了當時史學界瀰漫的疑古陰霾，並且具體示範了研究古代信史的新途徑與新收穫。在王國維之後，國內曾經一度出現了所謂的「新證學」，唐蘭的〈古籍新證〉，于省吾的〈尚書新證〉、〈詩經新證〉、〈易經新證〉、〈諸子新證〉，陳直的《史記新證》，都是此中代表〔註27〕。另外再如陳夢家的《殷虛卜辭綜述》、丁山的〈由三代都邑論其民族文化〉、胡厚宣的《甲骨學商史論叢》等在學界頗受敬重的學者與作品，很多都是繼承著王國維指引的研究途徑，辛勤鑽研而有豐碩的成果。時至今日，古史學界已經完全走上了王國維所示範的二重證據法的新證道路。欲捨二重證據法以

〔註27〕據胡厚宣《古代研究的史料問題》，台北：谷風出版社，民國75年，頁9。陳直《史記新證》，台北：學海出版社，民國69年初版。

治古史，在今日已不可爲也。而這一切，都與王國維學術研究的成功範例，有著絕對密切的關係。

　　如上所引幾位在中國古史研究上有傑出成就的大學者，都無不或前或後地受到王國維的引導。因此，我們可以說，王國維勾勒商周眞貌的學術貢獻，使他的影響更爲具體專門而恆久。陳寅恪〈王靜安先生遺書序〉有言：

> 自昔大師巨子，其關繫於民族盛衰、學術興廢者，不僅在能承續先
> 哲將墜之業，爲其託命之人，而尤在能開拓學術之區宇，補前修所
> 未逮，故其著作可以轉移一時之風氣，而示來者以軌則。

這些話用在王國維身上，是再適當不過了。王國維不是一位汲汲鼓吹的宣傳家，但他卻是一位劍及履及的實踐家！

第二節　積極提倡新史學

　　郭沫若曾稱譽王國維爲我國新史學的開山〔註28〕，許冠三則稱梁啓超與王國維是新史學的第一與第二號啓蒙大師〔註29〕。其實梁啓超與王國維對我國新史學的建立，各有貢獻而同等重要。

　　當梁啓超於 1902 年（清光緒二十八年）發表〈新史學〉一文之後，近代中國的新史學，正式揚帆而起。梁啓超的啓蒙倡導，引起了廣泛而深刻的反省，是清末民初最重要的宣傳家。然其學術作品卻不算太多。梁啓超在新史學理論改革上，無人能出其右；但在研究實踐方面，則不得不待之於王國維。誠如李澤厚所說：

> 梁啓超在理論上要求與幾千年的封建史學劃清界線，王國維則在具
> 體研究中履行和實現了這一點。〔註30〕

王國維的史學研究，是運用新方法研究新內容與舊問題，他的成就，成爲了我國實踐新史學的模範。

一、重視蒐尋史料

　　郭沫若稱譽王國維是「新史學的開山」，並評論認爲：

〔註28〕見郭沫若《中國古代社會研究·自序》，未載出版資料，頁 4。《十批判書——
　　　　古代研究的自我批判》中亦同語，台北：古楓出版社，1986 年，頁 9。
〔註29〕見許冠三《新史學九十年·上冊》卷一、卷二提要。
〔註30〕見李澤厚《中國近代思想史論》，台北：谷風出版社，民國 76 年三版，頁
　　　　429。

> 王先生的力量自然多多用在史學研究方面去了，他的甲骨文字的研
> 究，殷周金文的研究，漢晉竹簡和封泥等的研究，是劃時代的工
> 作。〔註31〕

這幾項由王國維所研創的劃時代工作，無一不是從史料著手的史學研究。

　　古器物的出土，固然是時代之幸；但是使出土器物能脫離古董玩弄與圖
錄摹寫，則端賴王國維之類少數通古博今眼光精到的學者。王國維之前的程
瑤田、吳大澂等人，都能據鐘鼎金石補證經傳〔註32〕，可惜規模與影響都有
限。只有等到王國維取甲骨證成殷商世系祭禮，取吉金剔發古代民族器制，
取簡牘考得西北史地，取敦煌寫本求知通俗文學，取封泥論證官制地理，取
碑石探索人事遞變……，才大舉將古器物散雜碎斷中隱含的歷史實況發掘出
來。陳寅恪曾說：

> 一時代之學術……必有其新材料與新問題，取用此材料以研求問
> 題，則爲此時代學術之新潮流。治學之士，得預此潮流者，謂之豫
> 流。其未得預者，謂之未豫流。此古今學術史之通義，非彼閉門造
> 車之徒所能同喻者也。〔註33〕

王國維取用新材料研求新問題，使蔚爲新潮流，這不僅是豫流，更可說是新
潮流的開引者。因爲王國維對經史舊學的熟爛精通，他能夠從殘缺諸物中看
出篇篇歷史；因爲王國維紮實的史學方法訓練，他可以有效地組織眾多紛雜
的材料；因爲王國維具有開明敏銳的眼光，他勇敢地堅持，順利地突破了頑
固的信古與洶湧的疑古；更因爲王國維堅強深刻的專題論著，中國古代史得
到了大幅度的徵實，器物的史料價值從而鮮明地被突顯出來，並進而引導了
大批的學者，從事古史、古器物、古文獻等的研究，史料對於史學的重要性，
也因此受到了空前的矚目。

　　史料與史學的關係，在王國維的學術工作中，得到了最大的彰顯。他的
〈最近二三十年中中國新發見之學問〉向世人宣告了中國新出直接史料的盛
況；他的商周史研究諸篇，則向世人展示了器物證史的有效運用。王國維對
史料價值的重視與宣導，從〈明堂廟寢通考〉的兩重證明法，到〈古史新證〉

〔註31〕見郭沫若《歷史人物》，頁166。
〔註32〕程瑤田《通藝錄》中之〈磬折古義〉、〈考工創物小記〉，吳大澂的〈古權度量
　　　　衡實驗考〉，均搜集三代古器，加以較量推考。另有孫詒讓〈古籀拾遺〉、〈契
　　　　文舉例〉亦同屬之。
〔註33〕見陳垣《敦煌劫餘錄・陳寅恪序》，台北：新文豐出版社，民國74年初版。

的二重證據法，十數年不改其初衷。他在論著中不時提到的「新出之史料在在與舊史料相需」（〈殷墟文字類編序〉）、「材料之足資參考者，雖至纖悉不敢棄焉」（〈國學叢刊序〉）……，都一遍又一遍地強調了史料的重要性。

當時史學界面對著王國維的成果，無不發出讚嘆與省悟。傅斯年任教於北京大學時，講授《史料論略》〔註34〕，提出「史學便是史料學」的主張，他所依據標舉的第一個示例，便是王國維的〈殷卜辭中所見先公先王考〉及〈續考〉，另外他也舉〈流沙墜簡〉為例，使得傅斯年所舉七例中，王國維的作品便獨佔三例〔註35〕，王國維對傅斯年「史學便是史料學」觀念的形成，實在具有顯著的影響。往後傅斯年主持中央研究院，對史學的要求就完全照著史料的方向推展〔註36〕，則王國維對我國近代史學影響之深遠，是無可置疑的。

在現代中國的史學發展過程中，「史料學派」與「史觀學派」是影響最大的兩支流派〔註37〕。史料學派在傅斯年之後正式形成，它奉科學為模範，注重原料與事實，這些都是王國維當初的史料觀念，而竟成為了史料學派的思想中心。由史料學派引發史觀學派的對立，並同時成為實踐與支配中國新史學的最大勢力。王國維在新史學上的開山地位，由此而更明顯可知。〔註38〕

〔註34〕《史料論略》為傅斯年任教北京大學時之講義稿。原書共七講，今僅存第四講，收錄於《傅斯年全集》第二冊，台北：聯經出版社，民國69年初版，頁5～60。

〔註35〕傅斯年所舉七例，依序為：王國維〈殷卜辭中所見先公先王考〉（包含〈續考〉）、陳寅恪〈吐蕃彝泰贊普名號年代考〉、〈集古錄〉與〈潛研堂金石文字跋尾〉、〈流沙墜簡〉、吳大澂〈「文」字說〉。見《史料論略》，頁10～40。

〔註36〕請詳〈歷史語言研究所工作之旨趣〉。

〔註37〕余英時〈中國史學的現階段：反省與展望——《史學評論》代發刊辭〉一文指出：「在現代中國史學的發展過程中，先後曾出現過很多的流派，但其影響最大的則有兩派：第一派可稱之為『史料學派』，乃以史料之搜集、整理、考訂與辨偽為史學的中心工作。第二派可稱之為『史觀學派』，乃以系統的觀點通釋中國史的全程為史學的主要任務。」此文原刊於《史學評論》第一期，民國68年7月，頁1～24。又收錄於余英時《史學與傳統》。台北：時報出版公司，民國77年初版六刷，頁2。

又1942年2月周予同〈五十年來中國之新史學〉即已發此言。原刊《學林》第四輯，又收錄《中國史學史論文選集三》，頁372。

〔註38〕據余英時《歷史與思想·史學、史家與時代》之詳細論述，知傅斯年「史學便是史料學」的觀念形成，也同時受到了德國史學家蘭克（Ranke）歷史主義（Historicism）的影響。然而王國維具體實踐的成果，所給予傅斯年的強化作用，在其作品中明白表露，卻也是不容置疑的。台北：聯經出版公司，民國

二、致力會通學術

許冠三對王國維所下的總評語是：

以通人之資成專家之業。（《新史學九十年》上冊，頁 73）

這一句話與 1927 年梁啓超爲王國維所寫輓聯中所言：

其學以知類通方。〔註39〕

恰是遙相呼應。

王國維一生專力治學，所謂「生死書叢文字間」（《王譜》，頁 407）是也。他研究學問的興趣是多方面的，治學途徑多變，而重心則在治史；其多方面的研究心得，又正好提供了他考史的深厚基礎。王國維通貫古今中西的學術涵養，成爲了新史學研究者所追求的基本素養。顧頡剛在〈悼王靜安先生〉文中特別提到：

學問的新舊決不在材料上，而在方法上、思想上。……靜安先生在二十餘年前治哲學、文學、心理學、法學等，他的研究學問的方法已經上了世界學術界的公路。……他用的方法便是西洋人研究史學的方法，……因爲這樣，我對於他的學問，不承認他是舊學，承認他是新創的中國古史學。

的確，西方近代史學強調的科學、實證，在中國的王國維史學研究中，已經得到了初步的應用。

拋開材料不論，學術門類與方法的融合運用，是王國維治史最引人側目的一大法寶。他治商周史的方法特色有二：其一以西方實證主義融合清代乾嘉樸學，其二取實物古器印證書籍舊典。這兩種方法在中國傳統史學界是很少被運用或重視的。然而王國維能不受傳統囿限，以其新研的治史方法，考查中國商周時代的歷史，爲中國舊史學注入新元素，使其得到轉型成功的門徑，也使王國維「他的歷史研究成果，無論從題材的選取，論證的方法，追求的目的，得出的結論，都與傳統的封建史學迥然不同。」〔註40〕在新史學迫切尋求具體實踐的當時，不啻成爲時代的楷模。王國維會通古今中外學術的研究歷程，爲已經擁有初步理論倚靠的新史學，具體提供了實踐的軌則。

王國維對西方學術的吸收與應用，在二十世紀初是一項逐漸萌發的潮

---

75 年初版第十一次印行，頁 250～253。
〔註39〕梁啓超〈挽王靜安先生聯〉，《國學論叢》一卷三號，頁 2。
〔註40〕尹達《中國史學發展史》，台北：天山出版社，未載出版日期，頁 460。

流。自從 1898 年嚴復出版了他所翻譯的《天演論》之後，中國史學才真正強烈地受到西方思想的影響〔註41〕。梁啓超的〈新史學〉，有很大一部分就是以〈天演論〉的進化觀作爲思想指導（尹達《中國史學發展史》，頁 449）。然而將西方的思想與方法帶入實際的史學工作中，則又不得不首推於王國維。

王國維早年對西學的嚮往與學習，在日後的商周史研究中，有很大的反應。他心儀尼采，其超人學說可能潛移爲對周公的高度推美；他閱讀心理學、社會學等社會科學的書籍，可能促成了對制度淵流的偏愛；他翻譯過形式邏輯的書籍，學習過幾何物理等自然科學，訓練了他思辨理路的清晰，與實證方法的運用；他注意過蘭克（Ranke）的歷史主義，未嘗不曾影響他對考證、史料與輔助科學的重視。再者，王國維可說是乾嘉學術的殿軍，他治商周史從乾嘉分類法入門，考制度由文字聲韻著手，做學問要求淵博、客觀、闕疑。中西雙方的史學發展，在此有了講究考據的相同處，但西方所有的實證科學，又恰是中國史學所比較缺乏的。王國維擷長補短，融合貫通，所以他能自覺地注重搜集、考訂、整理、分析，並且以新眼光、新角度提出新看法，這使他成爲一個與過去截然不同的新式史家，即似班茲所言（H. E. Barnes）：

> 新式史家，並不企圖以「統一」「組織」「排斥」爲魔術式之基礎，
> 以代替舊式之政治崇拜。但僅就其考查所得，努力建設整個過去時
> 代之完整圖象，並注重每一時代之特點。〔註42〕

融貫學術以治史的必要與效果，在王國維的作品中有了強烈的呈現。

王國維於各科門學術之融貫對於史學的重要，並不多言語，而代以實際研究作爲推重之表示。由於他在史學研究上所引起的重大矚目，使他融貫學術的素養，也影響了後世治史者的自我要求。而其實，此後治史而無學術融貫之基本修持，也是難以爲功的。傅斯年〈歷史語言研究所工作之旨趣〉就

〔註41〕 杜維運《聽濤集・西方史學輸入中國考》便指出：「西方史學首先輸入中國的，
爲歷史進化論。……光緒二十四年（1898）嚴復所譯赫胥黎（T. HHaxlev,
1825~1895）的天演論（Evolution and Ethics）問世，不啻中國思想界的晴天
霹靂。……進化思想輸入以後，自然直接影響國人對歷史的看法，而進化的
史觀產生。自此以後，國人不再完全沈醉過去了：中國史學家不再以「古勝
於今」作爲解釋歷史的最大標準了；中國史學自此進入一新世紀。」台北：
弘文館出版社，民國 74 年初版，頁 145～149。

〔註42〕 班茲（H. E. Barnes）著，董之學譯《新史學與社會科學》（《The New History
and The Social Studies》），台北：華世出版社，民國 64 年初版，頁 13。

明說：

> 近代的歷史學只是史料學，利用自然科學供給我們的一切工具，整
> 理一切可逢著的史料，所以近代史學所達到的範域，自地質學以至
> 目下新聞紙，而史學外的達爾文論正是歷史方法之大成。

張蔭麟也曾在與友人論志趣時談到：

> 國史爲弟志業，年來治哲學、治社會學，無非爲此種工作之預備。
> 從哲學冀得超放之博觀，與方法之自覺，從社會學冀明人事之理
> 法。〔註43〕

蕭一山於其〈近代史書史料及其批評〉中也指出：

> 史學本爲一綜合科學，必廣覽洽聞，得博約之旨而後始能無偏執固
> 陋之弊；是史學又以貫通爲務，殊非仄深之士所能喻也。〔註44〕

凡此皆可見得，王國維以身作則爲新史學樹立模範的貢獻與影響。

〔註43〕此乃民國 22 年 3 月 7 日張蔭麟致張其昀書，收於《張蔭麟先生文集》，台北：
九思出版社，民國 66 年初版，頁 227。

〔註44〕原載民國 31 年 1 月四川三台出版國立東北大學《志林》第三期。又收錄於民
國 45 年 8 月，台北：正中書局《中國近代史論叢》第一輯第一冊。再收錄於
《中國史學史論文選集二》，頁 991。

第七章 結 語

　　王國維在商周史上的研究，充分展現了他沈靜而勇猛，博古而開明的治學氣概。雖然他是一位矛盾時代的矛盾人物，但是當他治理商周史時的精深細膩思維，卻爲混沌的時代整理出清亮自信的道路。商周信史的確立，使中國的歷史毫無疑問地向前挺立，中國依舊是淵遠流長的泱泱大邦。

　　綜合各章的討論，有幾點心得可以提出：

　　（一）在王國維時代，由於經過清代樸學的董理，以及新史學的出土，前人研究商周史時所面對的材料缺乏與僞雜問題，都已使困擾大大的減輕。因此能在他的積極努力之下，使商周史的研究成果有重大的突破。

　　（二）王國維是一位學術的謫仙，也是一位善於掌握先機的學者。他依著興趣和才華，在學術園地上積極努力；他也敏銳地洞察潮流，利用時代資源，引導學術趨勢。

　　（三）王國維「不薄今人愛古人」，他繼承乾嘉，紮實群經小學的根柢，又吸收古今中外的理念與方法，將他優於前人的條件，予以意義上的擴充，並作精審的裁用。紙上與地下的二重證據，是他研究商周史所開發出的最大利器。

　　（四）王國維對商周史的研究，是由點連線的重點拓展。這樣的作爲，使其結果精當深固，而又啓發後輩的繼續墾植。近世學者稱其爲新史學之開山，既是因爲他過人的識見，也是因爲他規畫了學術發展的新天地。

　　即使在今日發達的商周史研究中，學者們常常仍無法忘懷於王國維的研究論見，與其所指示的方法方向。王國維的生命雖然短暫，他的成就影響卻非常深遠！

主要參考書目

一、王國維著述

1. 《海寧王忠愨公遺書》，羅振玉等編，貽安堂，民國 17 年。
2. 《海寧王靜安先生遺書》（十四冊），趙萬里等編，上海：商務印書館、台灣：商務印書館，民國 29 年初版、民國 65 年台一版。
3. 《王觀堂先生全集》（十六冊），台北：文華出版公司，民國 57 年初版。
4. 《王國維先生全集》（二十五冊），台北：大通書局，民國 65 年。
5. 《王國維全集》（十六冊），上海：古籍出版社，1983 年。
6. 《王國維全集——書信》，台北：華世出版社，1985 年台一版。
7. 《王靜安先生校千頃堂書目遺墨》，《國學論叢》一卷三號。
8. 《王靜安先生跋漢四時嘉至磬遺墨》，《國學論叢》一卷三號。
9. 《王靜安先生跋段懋堂手跡遺墨》，《國學論叢》一卷三號。
10. 《王靜安先生漢王保卿買地券跋遺墨》，《國學論叢》一卷三號。
11. 《王靜安先生書扇箋遺墨》，《國學論叢》一卷三號。

二、有關王國維研究之論述

（一）專　書

1. 《王國維年譜》，王德毅，台北：中國學術著作獎助委員會，民國 56 年初版。
2. 《民國王靜安先生國維年譜》，趙萬里，台北：商務印書館，民國 67 年初版。
3. 《王國維及其文學評傳》，葉嘉瑩，台北：源流出版社，民國 71 年再版。

4. 《王國維評傳》，蕭艾，台北：駱駝出版社，民國 76 年。

5. 《王國維著述編年提要》，洪國樑，台北：大安出版社，民國 78 年初版。

6. 《王國維學術研究論集第一輯》，吳澤主編，上海：華東師範大學，1983年一版。

7. 《王國維學術研究論集第二輯》，吳澤主編，上海：華東師範大學，1987年一版。

（二）期刊論文（已收入《王國維先生全集》附錄與前列諸專書者從略）

1. 〈王國維先生學行述略〉，王國華，《大陸雜誌》二十三卷二期。

2. 〈王國維先生生平及其學說〉，吳其昌，《風土什誌》創刊號。

3. 〈王靜安先生傳〉，徐中舒，《東方雜誌》二十四卷十三期。

4. 〈史學大師王國維〉，周傳儒，《歷史研究》1981 年（六）。

5. 〈關于王國維的功過〉，蕭艾，《讀書》1981 年第八期。

6. 〈與王靜安論治公羊學書〉，張爾田，《學衡》第二十三期。

7. 〈與王靜安論治今文家學書〉，張爾田，《學衡》第二十三期。

8. 〈王國維史學思想述要〉，吳澤，《華東師大學報》1958 年（四）。

9. 〈王國維的史學方法論〉，陳元暉，《東北師大學報》1986 年第五期。

10. 〈王靜安先生考古學上之貢獻〉，容庚，《燕京學報》第二期。

11. 〈述先師王靜安先生治學方法及國學上的貢獻〉，朱方圃，《東方雜誌》二十四卷十九期。

12. 〈論羅振玉與王國維在古文字學領域內的地位和影響〉，陳煒湛、曾憲通，《古文字研究》四輯。

13. 〈王國維對中國上古史研究的貢獻〉，王德毅，《中華文化復興月刊》三卷三期。

14. 〈王國維在甲骨金文研究上的貢獻〉，潘悠，《華東師大學報》1986 年 8月。

15. 〈兩周時代的神社崇拜和社祀制度研究——讀王國維《殷卜辭中所見先公先王考》〉，吳澤，《華東師大學報》1986 年 8 月。

16. 〈「國際王國維學術研討會」新論摘編〉，《華東師大學報》1987 年 10月。

17. 〈王國維書目索引〉，王郭靜妹，《書目季刊》十四卷一期。

18. 〈王國維之詩書學〉，洪國樑，台灣大學碩士論文，民國 68 年。

19. 〈王靜安先生生平及其學術〉，陳光憲，文化大學博士論文，民國 73年。

20. 〈王國維之經史學〉，洪國樑，台灣大學博士論文，民國 76 年。

三、相關著述

（一）專　書

1. 《史記》，漢·司馬遷著，台北：藝文印書館，民國 54 年。
2. 《資治通鑑》，宋·司馬光主編，台北：商務印書館，民國 68 年台一版。
3. 《文史通義》，清·章學誠，台北：華世出版社，民國 69 年初版。
4. 《史學方法論》，班漢穆（Bernheim）著、陳韜譯，台北：商務印書館，民國 64 年。
5. 《歷史研究法》，梁啟超，台北：中華書局，民國 74 年台十五版。
6. 《史學通論》，甲凱，台北：學生書局，民國 74 年初版。
7. 《史學方法論》，杜維運，台北：三民書局，民國 78 年十版。
8. 《史料與史學》，未載作者，台北：木鐸出版社，民國 71 年初版。
9. 《古代研究的史料問題》，胡厚宣，台北：谷風出版社，民國 75 年。
10. 《中國古代史》，夏曾佑，台北：商務印書館，民國 56 年二版。
11. 《中國史學史》，金靜庵，台北：鼎文書局，民國 75 年六版。
12. 《中國史學發展史》，尹達，台北：天山出版社，未載出版日期。
13. 《當代中國史學》，顧頡剛，台北：新文豐出版公司，民國 71 年初版。
14. 《清代史學與史家》，杜維運，台北：東大圖書公司，民國 73 年初版。
15. 《顧頡剛與中國新史學》，美·施耐德（Schneider）著、梅寅生譯，台北：華世出版社，民國 73 年初版。
16. 《新史學九十年》，許冠三，香港：中文大學，1986 年。
17. 《新史學與社會科學》，班茲（Barnes）著、董之學譯，台北：華世出版社，民國 64 年初版。
18. 《中國近三百年學術史》，梁啟超，台北：華正書局，民國 73 年初版。
19. 《歷史與思想》，余英時，台北：聯經出版公司，民國 75 年初版十一次印。
20. 《中國近代思想史論》，李澤厚，台北：谷風出版社，民國 76 年三版。
21. 《中國近三百年學術史》，錢穆，台北：商務印書館，民國 76 年台九版。
22. 《史學與傳統》，余英時，台北：時報出版公司，民國 77 年初版六刷。
23. 《中國近代思想學說史》，侯外廬，未載出版資料。
24. 《中國上古史八論》，黎東方，台北：文化大學，民國 72 年新一版。

25. 《中國上古史新探》，潘英，台北：明文書局，民國 74 年初版。

26. 《上古史論》，徐仲舒，台北：天山出版社，民國 75 年。

27. 《中國古代社會》，許進雄，台北：商務印書館，民國 77 年。

28. 《中國古史研究叢書》（古史辨），顧頡剛等，未載出版資料。

29. 《中國古史的傳說時代》，徐旭生，台北：仲信出版社，未載出版日期。

30. 《殷禮考實》，黃然偉，台北：台大文學院，民國 56 年初版。

31. 《殷周廟制論稿》，章景明，台北：學海出版社，民國 61 年初版。

32. 《甲骨學商史論叢初、續編》，胡厚宣，台北：大通書局，民國 61、62 年。

33. 《甲骨學商史編》，朱芳圃，香港：香港，民國 62 年影印二版。

34. 《殷周制度考信》，王貴民，台北：明文書局，民國 78 年初版。

35. 《西周史》，許倬雲，台北：聯經出版公司，民國 79 年修訂三版。

36. 《鐵雲藏龜》，劉鶚藏剛 rnesder，台北：藝文印書館，民國 48 年。

37. 《甲骨文字集釋》，李孝定，中研院史語所，民國 54 年。

38. 《殷虛書契考釋》，羅振玉，台北：藝文印書館，民國 58 年再版。

39. 《殷虛書契前編》，羅振玉，台北：藝文印書館，民國 59 年初版。

40. 《殷虛書契後編》，羅振玉，台北：藝文印書館，民國 59 年初版。

41. 《殷契粹編》，郭沫若，台北：大通書局，民國 60 年初版。

42. 《殷虛卜辭綜述》，陳夢家，台北：大通書局，民國 60 年。

43. 《殷虛書契解詁》，吳其昌，台北：文史哲出版社，民國 61 年初版。

44. 《殷虛卜辭研究》，日本·島邦男著，李壽林、溫天河譯，台北：鼎文書局，民國 64 年初版。

45. 《卜辭通纂》，郭沫若，台北：大通書局，民國 65 年。

46. 《殷虛卜辭通假》，林祖泰，自印本，民國 67 年初版。

47. 《戩壽堂所藏殷虛文字考釋》，嚴一萍，台北：藝文印書館，民國 69 年初版。

48. 《甲骨斷代問題》，嚴一萍，台北：藝文印書館，民國 71 年。

49. 《甲骨學六十年》，董作賓，台北：藝文印書館，民國 54 年初版。

50. 《甲骨文的世界》，日本·白川靜著，溫天河、蔡哲茂譯，台北：巨流出版公司，民國 66 年初版。

51. 《甲骨學》，嚴一萍，台北：藝文印書館，民國 67 年。

52. 《甲骨學導論》，吳璵，台北：文史哲出版社，民國 69 年。

53. 《中國甲骨學史》，吳浩坤、潘悠，台北：貫雅，民國 79 年初版。

54. 《周代金文圖錄及釋文》，郭沫若，台北：大通書局，民國 60 年初版。

55. 《金文詁林》，周法高，香港：中文大學，民國 64 年。

56. 《殷周青銅器通論》，容庚、張維持，台北：龍泉書屋，民國 75 年。

57. 《中國青銅時代》，張光直，台北：聯經出版公司，民國 76 年初版三刷。

58. 《金文的世界》，日本・白川靜著，溫天河、蔡哲茂譯，台北：聯經出版公司，民國 78 年初版。

59. 《中國青銅時代》（第二集），張光直，台北：聯經出版公司，民國 79 年初版。

60. 《金石學》，朱劍新，台北：商務印書館，民國 58 年台三版。

61. 《漢字的起源與演變論叢》，李孝定，台北：聯經出版公司，民國 75 年。

62. 《考古學專題六講》，張光直，台北：稻香，民國 77 年初版。

63. 《中國史論文集》，張舜徽，湖北：人民，1956 年一版一刷。

64. 《中國上古史論文選輯》，許倬雲，台北：台聯國風，民國 56 年三版。

65. 《中國上古史論文選集》，杜正勝，台北：華世出版社，民國 68 年初版。

66. 《中國史學史論文選集》（一）、（二），杜維運、黃進興，台北：華世出版社，民國 68 年初版二刷。

67. 《中國史學方法論文選集》，杜維運、黃俊傑，台北：華世出版社，民國 69 年增訂一版。

68. 《中國史學史論文選集》（三），杜維運、陳錦忠，台北：華世出版社，民國 74 年再版。

（二）期刊論文（已收入前列諸專書者從略）

1. 〈傳述史料中常見的幾種現象〉，屈萬里，《沈剛伯先生八秩榮慶論文集》，聯經出版公司，民國 65 年。

2. 〈試論中國歷史的開端和古史系統的建立〉，王仲孚，《傅樂成教授紀念論文集》，學生書局，民國 74 年。

3. 〈戰國時人對于上古史的總結〉，王樹民，《河北師院學報》1988 年 2 月。

4. 〈歷代「托古改制」的文化背景分析〉，王子今，《政治學研究》1988 年 9 月。

5. 〈近六十年來國人對先秦史的研究〉，程光裕、王吉林，《史學彙刊》第四期。

6. 〈金文學、甲骨學的研究與中國上古史的關係〉，李晃世，《成大歷史學報》第八期。

7. 〈考古學、人類學的研究與中國上古史的關係〉，李晃世，《成大歷史學報》第九期。

8. 〈民族學的研究與中國上古史的關係〉，李晃世，《成大歷史學報》第十期。

9. 〈商史研究概論〉，劉韻叶，《史學月刊》1987 年第五期。

10. 〈殷虛發掘對於中國古代文化的貢獻〉，石璋如，《學術學刊》二卷四期。

11. 〈卜辭中所見先公先王三續考〉，吳其昌，《燕京學報》第十四期。

12. 〈從商代的先公和帝王世系說到他的傳位制度〉，鄭慧生，《史學月刊》1985 年第六期。

13. 〈古文字中的商周祭祀〉，陳夢家，《燕京學報》第十九期。

14. 〈史記殷本紀及其他記錄中所載殷商時代史事〉，屈萬里，《台大文史哲學報》第十四期。

15. 〈姬周文化淵源考述〉，林庭翀，《能仁學報》第二期。

16. 〈周代史研究及考證〉，李震，《中山學術文化集刊》第二十三期。

附　錄

附錄一：王國維商周史研究著述年表

年　代	歲數	研究著作	卷　次	研究心得	備　　註
民國2年 （1913）	37	1.明堂廟寢通考	全集 初一		書信頁37：「此書余根據金文、龜卜文，而以經證之無不合。」
		2.釋幣上	初六		書信頁37：「夏間作〈明堂廟寢通考〉，秋間作〈釋幣〉（原注：考歷代布帛之丈尺價值）」
民國3年 （1914）	38	1.宋代金文著錄表	初十	1.宋代金文著錄表序	書信頁40：「比年以來擬專治三代之學因先治古文字，遂覽宋人及國朝諸家之說。」
		2.國朝金文著錄表	初十	2.國朝金文著錄表序	羅福頤增訂爲《三代秦漢金文著錄表》八卷，收入全集初九
		3.攀古樓彝器款識跋	趙譜 頁19		全集未收
民國4年 （1915）	39		初三	1.殷虛書契考釋序	
			初二	2.殷虛書契考釋後序	
		1.洛誥解	初一		雪堂叢刻：原題作洛誥箋
		2.鬼方昆夷玁狁考	初二		雪堂叢刻、趙譜頁21：初名古代外族考
		3.說自契至於成湯八遷	初二		趙譜頁21：此下九篇舊總題「三代地理小記」另有〈鬼方昆夷玁狁字音之變〉，已移入〈鬼方昆夷玁狁考〉中，故此不錄。

		4. 說商	初二		
		5. 說亳	初二		
		6. 說耿	初二		
		7. 說殷	初二		
		8. 殷虛卜辭中所見地名考	初四		
		9. 周時天子行幸征伐考	初四		
		10. 古諸侯稱王說	初四		
		11. 不娶敦蓋銘考釋	初十一		
		12. 說鐘	雪堂叢刻十一		此下十篇雪堂叢刻舊總題「古禮器略說」
		13. 說句鑃	雪堂叢刻十一		
		14. 說盉	雪堂叢刻十一		
		15. 說卣	雪堂叢刻十一		
		16. 說罍	雪堂叢刻十一		
		17. 說觥	初一		
		18. 說盂	初一		
		19. 說彝	初一		
		20. 說俎上、下	初一		
		21. 與林浩卿博士論洛誥書	初一		
		22. 生霸死霸考	初一		
		32. 周開國年表	初四		
				書宣和博古圖後	趙譜頁 22、51：原題作「宣和博古圖跋」，丙寅冬（1926）又增訂，《集林》改為此名。
民國 5 年（1916）	40	1. 再與林博士論洛誥書	初一		

		2. 史籀篇疏證	初八	史籀篇疏證序	書信頁 53：「維小學中第一篇文字。」
		3. 周書顧命考	初一		書信頁 93「〈書顧命考〉，正鄭孔二注之誤，自謂必如此，全篇禮制乃可通，文字亦可解。」
					學術叢編（台北：藝文，民國 60 年影印本）初名〈周書顧命禮徵〉
		4. 殷禮徵文	初十一		書信頁 62：「〈殷禮小記〉得五則皆祭禮事，補公考釋所未備者。」（按：公指羅振玉）
					頁 64：「〈殷禮徵文〉（原注：即前所云之〈殷禮小記〉）」
		5. 書作冊詩尹氏說	初四		
		6. 釋史	初一		
		7. 釋樂次	初一		此下七篇即學術叢編中之〈樂詩考略〉
		8. 周大武樂章考	初一		
		9. 說勺舞象舞	初一		
		10. 說周頌	初一		
		11. 說商頌上下	初一		
		12. 漢以後所傳周樂考	初一		
			初四	1. 祼禮推序	
		13. 釋辭上下	初一		
		14. 毛公鼎銘考釋並序	初十一		書信頁 68：「擬就諸家所略及未確之字考之」頁 109：「研究方法則頗開一生面。」
		15. 釋弼	初一		
		16. 周書顧命後考	初一		
		17. 戰國時秦用籀文六國用古文說	初一		
			初一	2. 史記所謂古文說	

			初一	3. 漢書所謂古文	
			初一	4. 說文今敘篆文合以古籀說	
			初一	6. 漢時古文本諸經傳考 7. 漢時古文諸經有轉寫本說	
			初一	8. 兩漢古文家多小學家	
			初一	9. 科斗文字說	
民國6年（1917）	41	1. 殷卜辭中所見先公先王考	初二		
		2. 殷卜辭中所見先公先王續考	初二		
		3. 古本竹書紀年輯校	初十一		
		4. 今本竹書紀年疏證	初十一		
			初四	1. 古本竹書紀年輯校自序	
			初四	2. 今本竹書紀年疏證自序	
		5. 戩壽堂所藏殷虛文字、考釋	續三	3. 戩壽堂殷虛文字考釋序	隨庵所藏甲骨文字序：「丙辰丁巳間鐵雲所藏一部歸於英人哈同氏，余爲編次爲釋之。」
		6. 殷周制度論	初二		書信頁213：「此文根據〈尚書〉〈禮經〉與卜辭立說」
		7. 兩周金石文韻讀	初十一		
			初一	4. 周代金石文韻讀序	學術叢編：原題作〈兩周金石文韻讀序〉
		8. 五聲說	初一		書信頁26：「五聲之說，實因懋堂先生〈音韻表〉之觸發」
		9. 商三句兵跋	初三		書信頁216：「近作〈殷周制度論〉即以此三器證商人諸侯以下亦無嫡庶之制，不獨帝王爲然。」
		10. 夜雨楚公鐘跋	初三		

		11. 鑄公簠跋	初三		
		12. 書毛詩故訓傳後			
民國 7 年（1918）	42	1. 釋觶觛厄卮鍴	初一		
		2. 釋由上、下	初一		
			初三	1. 隨庵吉金圖序（徐乃昌撰）	
		3. 女字說	初一		
		4. 邵鐘跋	初三		
		5. 釋宥	初四		
民國 8 年（1919）	43	1. 齊候壺跋	初四		
		2. 書契後編上卷釋文	趙譜頁 35		
		3. 虢仲簋跋	初四		
		4. 北伯鼎跋	初三		
		5. 秉中丁卣跋	初四		
		6. 釋昱	初一		此下四篇之年代據董作賓〈甲骨年表〉
		7. 釋旬	初一		
		8. 釋西	初一		
		9. 釋物	初一		
民國 9 年（1920）	44	1. 周玉刀跋	觀堂遺墨		後擴充為〈陳寶說〉（初一）
			初四	1. 隨庵所藏殷虛文字序	為徐乃昌所藏甲骨拓本冊作
		2. 散氏盤跋	初三		
		3. 克鐘克鼎跋	初三		
		4. 釋脲	初一		
		5. 釋胼	初一		
			初四	2. 與友人論石鼓書	

		6. 詩齊風豈弟釋義	初四		
		7. 說環玦	初一		
		8. 說珏朋	初一		
		9. 釋禮	初一		
民國10年（1921）	45	1. 與友人論詩書中成語書一	初一		趙譜頁42：「其體裁託爲書札，實非有友人某君其人也。」
		2. 與友人論詩書中成語書二	初一		
		3. 小盂鼎跋	初四		
		4. 明拓石鼓文跋	初四		
民國11年（1922）	46	1. 兮甲盤跋	初四		
		2. 康嬴卣跋	初三		
		3. 與沈兼士先生書	初四		
民國12年（1923）	47	1. 虢卣跋	初四		
		2. 刺鼎跋	初四		
		3. 彌父丁角跋	初四		
		4. 父乙卣跋	初四		
			趙譜頁45	1. 與馬叔平論石鼓書	
		5. 梁伯戈跋	初四		
			初四	2. 殷虛文字類編序	按：〈殷虛文字類編〉商承祚編撰
		6. 頌壺跋	初四		
		7. 古磬跋	初四		
		8. 蕭霜滌場說	初一		
		9. 齊國差罎跋	初三		
		10. 秦公敦跋	初三		
		11. 魚匕跋	初四		

民國 13 年 （1924）	48	1. 旂爵跋	初四		
		2. 散氏盤考釋	初十一		
		3. 攻吳王夫差鑑 跋	初三		
			初四	1. 金文編序	按：〈金文編〉容庚編撰
		4. 高宗肜日說	初一		
		5. 陳寶說	初一		
		6. 書顧命同瑁說	初一		
		7. 釋天	初一		
		8. 周莽京考	初二		
		9. 郑公鐘跋	初三		
		10. 遹敦跋	初三		
		11. 王子嬰次盧跋	初三		
		13. 以五介彰施於 五色說	初四		書信頁 399：「尊（馬衡）藏介退 一石竟是〈皋陶謨〉『以五介彰施 於五色』及『退古後言』之文」
		14. 羌伯敦跋	初四		
民國 14 年 （1925）	49		初五	1. 最近二三十年 中中國新發見 之學問	趙譜頁 48：「六月爲清華學校暑期 學校演講中國二三十年來新發見 之學問。」
		2. 媵侯戈跋	初四		
		3. 彊父丁鼎跋	初四		
		4. 姬鼎跋	初四		
		5. 般作父己甗跋	初四		
		6. 杞伯鼎跋	初四		
		7. 召尊跋	初四		
		8. 公違敦跋	初四		
		9. 公違鼎跋	初四		
		10. 史頌敦跋	初四		
		11. 鄦從盤跋	初四		
		12. 古史新證	初十一		

		13.鄂侯馭鼎跋	初四		
民國15年 （1926）	50	1.盂鼎銘考釋	初十一		趙譜頁51：「正月起撰克鼎、盂鼎銘考釋，並改訂毛公考釋，合散氏盤考釋以授諸生，其他宗周諸重器亦多寫爲釋文，講演之。」
		2.克鼎銘考釋	初十一		
			初一	1.桐鄉徐氏印譜序	書信頁443：「本欲作一文，論六國璽印、貨幣、兵器、陶器，並當時通行文字，乃欲借此序以發之也。」
			初五	2.宋代之金石學	趙譜頁51：「10月，乃歷史社會學會講演稿，後別出爲〈書宣和博古圖跋〉」
民國16年 （1927）			初四	尚書覈詁序	按：〈尚書覈詁〉楊筠如撰
未知		1.釋牡	初一		
		2.毛公鼎跋	初四		
		3.王子申盞跋	初四		
		4.印子金跋	初四		

附錄二：王國維商周史研究著述中之使用材料分類表

經部

引　用　書　目	出　　　處	冊　　頁	備　　註
△易　類			
1.易傳	明堂廟寢通考	初一　　121	
2.鄭玄‧周易注	釋幣上	初六　　2340	
3.唐‧李鼎祚‧周易集解	鬼方昆夷玁狁考	初二　　582	
4.干寶‧周易注	鬼方昆夷玁狁考	初二　　582	由李鼎祚書中引
5.易繫辭傳	釋史	初一　　264	
6.易緯稽覽圖	今本竹書紀年疏證	初十一　4677	
△詩　類			
1.鄭玄‧毛詩箋	明堂廟寢通考	初一　　135	
2.韓詩外傳	釋幣上	初六　　2354	

3.詩經	釋幣上	初六	2330	
4.毛詩傳	釋幣上	初六	2339	
5.清・陳啓源・毛詩稽古編	鬼方昆夷玁狁考	初二	595	
6.毛詩正義	鬼方昆夷玁狁考	初二	595	
7.毛詩	鬼方昆夷玁狁考	初二	586	
8.韓詩	說斝	初一	143	
9.詩疏	說觥	初一	147	引五經異義
10.鄭氏詩譜	釋樂次	初一	91	
11.三家詩	周書顧命後考	初一	60	
12.宋・朱熹・詩集傳	今本竹書紀年疏證	初十一	4723	
13.清・段玉裁・詩經韻譜	五聲說	初一	345	
14.清・孔廣森・詩聲類	五聲說	初一	345	
15.晉・陸機・毛詩草木虫魚鳥獸疏	書毛詩故訓傳後	初四	1243	
△書　類				
1.尚書	明堂廟寢通考	初一	127	
2.王肅・尚書注	明堂廟寢通考	初一	130	
3.偽孔傳	釋幣上	初六	2355	
4.日本古寫本周書	鬼方昆夷玁狁考	初二	596	
5.鄭玄・尚書大傳注	鬼方昆夷玁狁考	初二	592	
6.尚書正義	說自契至於成湯八遷	初二	513	
7.段玉裁・古文尚書撰異	說耿	初二	520	
8.今文尚書	說殷	初一	521	
9.書孔疏	說殷	初一	522	引汲冢古文
10.古文尚書	生霸死霸考	初一	17	
11.馬融・古文尚書注	生霸死霸考	初一	17	
12.偽古文尚書	生霸死霸考	初一	18	
13.清・江聲・尚書集註	周開國年表	初四	1259	
14.清・孫星衍・古今文注疏	周開國年表	初四	1259	
15.王國維・書作冊考	史籀篇疏證	初八	2884	
16.古寫本隸古定尚書	史籀篇疏證	初八	2952	羅振玉藏

17. 宋·王孫甯輯尚書	周書顧命後考	初一	57	
18. 清·惠定宇（棟）·古文尚書考	古本竹書紀年輯校	初十一	4657	
19. 釋法琳·周書異紀	今本竹書紀年疏證	初十一	4725	廣宏明集引
20. 賈侍中·尚書注	今本竹書紀年疏證	初十一	4663	
21. 清·胡渭·禹貢錐指	邵鐘跋	初三	891	
22. 高郵王氏釋書	與友人論詩書中成語書（二）	初一	76	
23. 瑞安王氏釋書	與友人論詩書中成語書（二）	初一	76	
24. 宋·金仁山·尚書註	高宗肜日說	初一	25	
△禮類——三禮				
1. 禮記（玉藻）	明堂廟寢通考	初一	121	
2. 小戴記	明堂廟寢通考	初一	123	
3. 宋·聶崇義·三禮圖集註	明堂廟寢通考	初一	123	
4. 清·戴震·考工記圖	明堂廟寢通考	初一	124	
5. 清·張惠言·儀禮圖	明堂廟寢通考	初一	124	
6. 周禮（考工記）	明堂廟寢通考	初一	123	
7. 大戴記	明堂廟寢通考	初一	123	
8. 鄭玄·周禮注	明堂廟寢通考	初一	124	
9. 鄭玄·儀禮注	明堂廟寢通考	初一	128	
10. 鄭玄·禮記注	明堂廟寢通考	初一	135	
11. 禮記正義	明堂廟寢通考	初一	138	
12. 儀禮（燕禮）	明堂廟寢通考	初一	138	
13. 唐·賈公彥·儀禮疏	釋幣	初六	2332	
14. 賈公彥·禮記疏	釋史	初一	261	
15. 段玉裁·考工記疏	史籀篇疏證	初八	2915	
16. 清·孫詒讓·周禮正義	書作冊詩尹氏說	初四	1240	
17. 清·江永·周禮證義舉要	釋史	初一	261	
18. 皇侃·禮記疏	周大武樂章考	初一	103	
19. 清·孔廣森·禮記補註	漢以後所傳周樂考	初一	116	
20. 鍾師·周禮注	說周頌	初一	109	

21.阮諶・三禮圖	今本竹書紀年疏證	初十一	4722	
22.段玉裁・周禮漢讀考	書爾雅郭注後	初一	225	
△禮類——禮存				
1.清・汪中・明堂通釋	明堂廟寢通考	初一	124	
2.孔廣森・明堂億說	明堂廟寢通考	初一	124	
3.明・焦循・群經宮室圖	明堂廟寢通考	初一	124	
4.漢・蔡邕・明堂論	明堂廟寢通考	初一	125	
5.隋・牛弘・明堂議	明堂廟寢通考	初一	125	
6.宋・李覯・明堂定制圖	明堂廟寢通考	初一	125	
7.宋・任啓運・朝廟宮室考	明堂廟寢通考	初一	124	
8.孔廣森・禮學卮言	明堂廟寢通考	初一	127	
9.清・程瑤田・釋宮小記	明堂廟寢通考	初一	127	
10.禮論	周書顧命後考	初一	57	
△春秋類				
1.左傳	明堂廟寢通考	初一	129	
2.春秋經	明堂廟寢通考	初一	129	
3.穀梁傳	明堂廟寢通考	初一	130	
4v 公羊傳	明堂廟寢通考	初一	130	
5.漢・何休・公羊傳注	明堂廟寢通考	初一	137	
6.晉・杜預・春秋釋地	說商	初二	515	
7.杜預・春秋經傳集解	科斗文字說	初一	335	
8.春秋正義	科斗文字說	初一	335	
9.杜預・左傳注	邵鐘跋	初三	890	
10.王文簡・春秋名字解詁	與友人論石鼓書	初四	1345	
△孝經類				
1.孝經	生霸死霸考	初一	17	
△樂　類				
1.徐景安・樂書	五聲說	初一	340	
△四書類				
1.論語	明堂廟寢通考	初一	130	

2. 孟子	釋幣上	初六	2340	
3. 皇侃・論語集解	再與林博士論洛誥書	初一	46	
4. 孟子正義	古本竹書紀年輯校	初十一	4655	
5. 鄭玄・論語注	書春秋公羊解詁後	初一	166	
6. 何晏・論語集解	書論語鄭氏殘卷後	初一	167	
△小學類──文字				
1. 漢・許慎・說文解字	明堂廟寢通考	初一	121	
2. 段玉裁・說文解字	明堂廟寢通考	初一	139	
3. 石鼓文	殷墟卜辭中所見地名考	初二	1272	
4. 南唐・徐鍇本說文	不娶敦蓋銘考釋	初十一	4929	
5. 流沙墜簡	史籀篇疏證序	初一	251	
6. 大小徐說文	說俎下	初一	155	
7. 急救篇	史籀篇疏證序	初一	251	
8. 清・孫星衍・說文序	史籀篇疏證序	初一	254	
9. 漢・揚雄・訓纂篇	史籀篇疏證序	初一	254	
10. 詛楚文	史籀篇疏證序	初一	252	
11. 唐・顏師古・急救篇注	史籀篇疏證	初八	2880	
12. 清・莊述祖・說文古籀疏證	史籀篇疏證	初八	2883	
13. 清・孫詒讓・古籀拾遺	史籀篇疏證	初八	2883	
14. 清・吳大澂・說文古籀補	史籀篇疏證	初八	2883	
15. 字林	史籀篇疏證	初八	2906	
16. 秦・會稽刻石	史籀篇疏證	初八	2907	據申屠駉本
17. 唐・顏師古・匡謬正俗	史籀篇疏證	初八	2922	引張揖・古今字詁
18. 玉篇	史籀篇疏證	初八	2937	
19. 秦・泰山刻石	釋史	初一	261	
20. 王國維・簡牘檢署考	釋史	初一	263	
21. 漢・湯陰令張遷碑	釋史	初一	264	
22. 清・歸安嚴氏・說文聲類	五聲說	初一	345	
23. 急救篇皇本	釋觶觛卮𣂏𣂁	初一	290	
24. 急救篇顏本	釋觶觛卮𣂏𣂁	初一	290	

25.急救篇宋太宗本	釋觶觚卮觛觼	初一	290	
26.玉篇顏注	釋由下	初一	276	
27.魏・三字石經尙書君奭殘石	釋由下	初一	277	癸亥（1923）雒陽新出
28.漢百經校記	書春秋公羊解詁後	初一	165	
29.宋・洪适・隸釋	書春秋公羊解詁後	初一	165	
30.三字石經	書論語鄭氏注殘卷後	初一	166	
31.清・馬國翰史籀篇輯本	史籀篇疏證	初八	2883	
△小學類——音韻				
1.廣韻	鬼方昆夷玁狁考	初二	593	
2.陸德明音義	再與林博士論洛誥書	初一	44	
3.唐本切韻	再與林博士論洛誥書	初一	44	
4.唐・孫愐・唐韻	再與林博士論洛誥書	初一	44	
5.集韻	史籀篇疏證	初八	2906	
6.元應・一切經音義	兩漢古文學家多小學家說	初一	333	
7.唐韻四聲正	五聲說	初一	346	
8.魏・鶴山所藏唐韻	五聲說	初一	340	
9.段玉裁・群經韻譜	五聲說	初一	345	
△小學類——訓詁				
1.爾雅	明堂廟寢通考	初一	126	
2.郭璞・爾雅注	鬼方昆夷玁狁考	初二	595	
3.清・王引之・經義述聞	不娶敦蓋銘考釋	初十一	4923	
4.廣雅・曹憲	不娶敦蓋銘考釋	初十一	4933	
5.方言	說俎下	初一	155	
6.清・戴氏・方言疏證	毛公鼎銘考釋	初十一	4890	
7.釋名	釋辭上	初一	277	
8.王念孫・讀書雜志	史記所謂古文說	初一	308	
9.王引之・經傳釋詞	釋由上	初一	274	
△五經總集類				
1.清・阮元揅經室續集	明堂廟寢通考	初一	125	
2.經典釋文	鬼方昆夷玁狁考	初二	586	

史部

引　用　書　目	出　　　處	冊	頁	備　　註
△正史類				
1.隋書（宇文愷傳）	明堂廟寢通考	初一	123	
2.魏書（賈思伯傳）	明堂廟寢通考	初一	124	
3.史記	明堂廟寢通考	初一	129	
4.漢書（藝文志）	釋幣上	初六	2330	
5.晉・司馬彪・續漢書	釋幣上	初六	2346	
6.唐・顏師古・漢書注	鬼方昆夷玁狁考	初二	590	
7.唐・張守節・史記正義	鬼方昆夷玁狁考	初二	597	
8.清・梁玉繩・史記志疑	說自契至於成湯八遷	初二	514	
9.宋・裴駰・史記集解	說亳	初二	517	
10.王瓚・漢書注	說亳	初二	517	
11.唐・司馬貞・史記索引	說耿	初二	520	
12.吳志（虞翻傳）	周書顧命考	初一	48	
13.晉書	科斗文字說	初一	117	
14.唐書	古本竹書紀年輯校	初十一	4624	
15.宋書	古本竹書紀年輯校	初十一	4657	
16.新唐書	古本竹書紀年輯校	初十一	4675	
17.南齊書	五聲說	初一	342	
18.梁書	五聲說	初一	342	
19.南史	五聲說	初一	342	
20.北史	商三句兵跋	初三	882	
21.章懷太子・後漢書注	與友人論石鼓書	初四	1345	
22.王深寧・漢書藝文志考	漢以後所傳周樂考	初一	119	
23.後漢書	鬼方昆夷玁狁考	初二	583	
△編年類				
1.（偽）竹書紀年	鬼方昆夷玁狁考	初二	582	
2.宋・王應麟・通鑑地理通釋	說自契至於成湯八遷	初二	513	引世本
3.（原本）竹書紀年	周莽京考	初二	525	

4.世本	鬼方昆夷玁狁考	初二	588	
5.三統歷	生霸死霸考	初一	18	
6.古今本竹書紀年	殷卜辭中所見先公先王考	初二	414	
7.清‧朱右曾‧古本竹書紀年輯本	古本竹書紀年輯校	初十一	4611	
8.宋‧劉恕‧通鑑外紀	古本竹書紀年輯校	初十一	4612	
9.太初術	生霸死霸考	初一	17	
△別史類				
1.宋‧羅泌‧路史	鬼方昆夷玁狁考	初二	589	
2.逸周書	鬼方昆夷玁狁考	初二	591	
3.魏‧荀悅‧漢紀	漢時古文諸經有轉寫本	初一	326	
△雜史類				
1.國語（周語）	明堂廟寢通考	初一	132	
2.韋昭‧國語注	釋幣	初六	2339	
3.戰國策（趙策）	鬼方昆夷玁狁考	初二	599	
4.晉‧皇甫謐‧帝王世紀	說殷	初二	523	
5.東漢‧應邵‧風俗通	不𣪘敦銘蓋考釋	初十一	4929	
△傳紀類				
1.春秋‧齊‧晏嬰‧晏子春秋	殷卜辭中所見先公先王續考	初二	442	
△載記類				
1.漢‧趙曄‧吳越春秋	今本竹書紀年疏證	初十一	4767	
2.越絕書	今本竹書紀年疏證	初十一	4774	
△目錄類				
1.宋‧歐陽修‧集古錄	宋代金文著錄表	初十	4057	
2.宋‧趙明誠‧金石錄	宋代金文著錄表	初十	4057	
3.宋‧薛尚功‧鐘鼎款識法帖	宋代金文著錄表	初十	4058	
4.宋‧王厚之‧復齋鐘鼎款識	宋代金文著錄表	初十	4058	
5.宋‧翟耆年‧籀史	宋代金文著錄表	初十	4074	
6.清‧錢坫‧十六長樂堂古器疑識	國朝金文著錄表	初十	4196	

引　用　書　目	出　　　處	冊	頁	備　　註
7.清・阮元・積古齋鐘鼎彝器款識	國朝金文著錄表	初十	4196	
8.清・徐桐柏・從古堂款識學	國朝金文著錄表	初十	4196	
9.清・朱善旂・敬吾心室彝器款識	國朝金文著錄表	初十	4197	
10.清・潘祖蔭・攀古樓彝器款識	國朝金文著錄表	初十	4197	
11.清・劉心源・奇觚室古金文述	國朝金文著錄表	初十	4197	
12.古彝器記	周書顧命考	初一	50	
13.漢・劉向・別錄	史記所謂古文說	初一	308	書序正義中
△地理類				
1.北魏・酈道元・水經注	鬼方昆夷玁狁考	初二	589	
2.晉・郭璞・山海經注	說自契至於成湯八遷	初二	513	
3.唐・魏王泰・括地志	說亳	初二	516	
4.山海經	古諸侯稱王說	初二	1270	
5.王國維・三代地理小記	殷卜辭中所見先公先王考	初二	419	
6.宋・樂史・太平寰宇記	古本竹書紀年輯校	初十一	4638	
7.尋陽記	今本竹書紀年疏證	初十一	4724	太平御覽引
8.唐・李吉甫・元和郡縣志	邵鐘跋	初三	890	
9.宋・羅含・湘中記	肅霜滌場說	初一	69	
△政書類				
1.唐・杜佑・通典	周書顧命後考	初一	57	
△史評類				
1.唐・劉知幾・史通	古本竹書紀年輯校	初十一	4612	

子部

引　用　書　目	出　　　處	冊	頁	備　　註
△儒家類				
1.漢・劉向・說苑	釋幣上	初六	2328	
2.宋・黃震・黃氏日鈔	鬼方昆夷玁狁考	初二	274	
3.後漢・王符・潛夫論	鬼方昆夷玁狁考	初二	603	

4.荀子	說自契至於成湯八遷	初二	513	
5.漢・揚雄・法言	生霸死霸考	初一	17	
6.漢・桓寬・鹽鐵論	釋史	初一	263	
7.孔子家語	殷卜辭中所見先公先王考	初二	411	
8.孔叢子	殷卜辭中所見先公先王考	初二	423	
9.唐・楊倞・荀子注	殷卜辭中所見先公先王考	初二	412	
10.清・孫頤谷・家語疏證	古本竹書紀年輯校	初十一	4657	
11.漢・賈誼・新書	書丟詩故訓傳後	初四	1243	
12.漢・劉向・新序	釋由上	初一	274	
△道家類				
1.莊子	鬼方昆夷玁狁考	初二	587	
2.郭象・莊子注	鬼方昆夷玁狁考	初二	587	
3.抱朴子	古本竹書紀年輯校	初十一	4611	太平御覽見引
4.梁・陶宏景・眞誥	古本竹書紀年輯校	初十一	4613	
△法家類				
1.韓非子	釋幣上	初六	2331	
2.管子	史籀篇疏證	初八	2912	
△兵家類				
1.齊・司馬穰苴・司馬法	不娶敦蓋銘考釋	初十一	4940	
△釋　家				
1.唐・釋道宣・廣宏明集	古本竹書紀年輯校	初十一	4629	
△小說家				
1.晉・張華・博物志	殷卜辭中所見先公先王考	初二	427	
2.秦・王嘉・拾遺記	今本竹書紀年疏證	初十一	4664	
3.東軒主人・述異記	今本竹書紀年疏證	初十一	4673	
4.梁・吳均・西京雜記	今本竹書紀年疏證	初十一	4763	
5 博.物記	邲鐘跋	初三	890	劉昭・續漢書郡國志永安縣注引
6.南朝宋・劉義慶・世說新語	高宗肜日說	初一	27	
△雜家類				
1.秦・呂不韋・呂氏春秋	明堂廟寢通考	初一	123	

2.東漢‧班固‧白虎通	明堂廟寢通考	初一	125	
3.魯‧尸佼‧尸子	明堂廟寢通考	初一	126	
4.漢‧高誘‧淮南子注	釋幣上	初六	2328	
5.漢‧劉安‧淮南子	釋幣上	初六	2328	
6.穆天子傳	鬼方昆夷玁狁考	初二	598	
7.郭璞‧穆天子傳注	鬼方昆夷玁狁考	初二	598	
8.墨子	鬼方昆夷玁狁考	初二	593	
9.清‧顧炎武‧日知錄	說商	初二	515	
10.清‧閻百詩‧潛邱劄記	說商	初二	515	
11.宋‧黃伯思‧東觀餘論	宋代金文著錄表	初十	4057	
12.隨巢子	周開國年表	初四	1267	
13.漢‧王充‧論衡	史籀篇疏證	初八	2932	
14.宋‧王應麟‧困學紀聞	毛公鼎銘考釋	初十一	4887	
15.漢‧蔡邕‧獨斷	科斗文字說	初一	336	
16.開元占經	古本竹書紀年輯校	初十一	4616	
17.唐‧封演‧封演聞見記	五聲說	初一	339	
18.隋‧顏之推‧顏氏家訓	女字說	初一	161	
19.漢‧高誘‧呂氏春秋注	邲鐘跋	初三	891	
△類書類				
1.唐‧歐陽詢‧藝文類聚	明堂廟寢通考	初一	124	
2.宋‧唐仲友‧帝王經世圖譜	明堂廟寢通考	初一	124	
3.南朝梁‧蕭統‧昭明文選	鬼方昆夷玁狁考	初二	582	引宋衷世本注
4.宋‧李昉‧太平御覽	殷禮徵文	初十一	4783	
5.唐‧虞世南‧北堂書鈔	古本竹書紀年輯校	初十一	4612	
6.三國‧繆卜等‧皇覽	說亳	初二	517	史記五帝本紀集解引
7.宋‧吳淑‧事類賦注	古本竹書紀年輯校	初十一	4730	
8.唐‧徐堅、韋述‧初學記	殷禮徵文	初十一	4783	
△天文算法類				
1.太初術	生霸死霸考	初一	17	

2.漢・劉歆・三統歷	生霸死霸考	初一	18	
3.清・汪曰禎・長術輯要	不娶敦蓋銘考釋	初十一	4925	
△術數類				
1.開元占經	古本竹書紀年輯校	初十一	4616	
△譜錄類				
1.宋・呂大臨・考古圖	宋代金文著錄表	初十	4057	
2.宋・王黼・宣和博古圖	宋代金文著錄表	初十	4057	
3.宋王・俅嘯・堂集古錄	宋代金文著錄表	初十	4057	
4.無名氏・續考古圖	宋代金文著錄表	初十	4058	
5.宋・張掄・紹興內府古器評	宋代金文著錄表	初十	4057	
6.清・曹奎・懷米山房吉金圖	國朝金文著錄表	初十	4196	
7.清・吳榮光・筠清館金文	國朝金文著錄表	初十	4196	
8.清・劉喜海・長安獲古編	國朝金文著錄表	初十	4196	
9.清・吳式芬・攈古錄金文	國朝金文著錄表	初十	4196	
10.清・吳雲・兩罍軒彝器圖釋	國朝金文著錄表	初十	4197	
11.清・吳大澂・恆軒所見所藏吉金錄	國朝金文著錄表	初十	4197	
12.端方・陶齊古金錄・續錄・又續	國朝金文著錄表	初十	4197	
13.清・羅振玉集古遺文中金文	國朝金文著錄表	初十	4197	
14.羅振玉・秦金石刻辭	國朝金文著錄表	初十	4197	
15.羅振玉・歷代符牌錄	國朝金文著錄表	初十	4197	
16.羅振玉・夢郼草堂吉金圖	國朝金文著錄表	初十	4324	
17.羅振玉・殷文存	國朝金文著錄表	初十	4361	
18.陳介祺・簠齋藏器目	說觥	初一	152	
△藝術類				
1.宋・董逌・廣川書跋	宋代金文著錄表	初十	4059	
2.唐・張懷瓘・書斷	史籀篇疏證	初一	254	
3.唐・魏恆・四體書勢	史籀篇疏證	初八	2880	
4.蔡邕・琴操	漢以後所傳周樂考	初一	117	

集部

引　用　書　目	出　　　處	冊	頁	備　　註
△總集類				
1.韓昌黎集	古本竹書紀年輯校	初十一	4611	
2.古文苑	古本竹書紀年輯校	初十一	4633	
△楚辭類				
1.楚辭	古諸侯稱王說	初二	1270	
2.漢・王逸・楚辭注	史籀篇證疏證	初八	2954	
3.宋玉・九辨	蕭霜滌場說	初一	69	
4.大招	蕭霜滌場說	初一	69	
△甲骨文				
1.羅振玉・殷墟書契考釋	明堂廟寢通考	初一	143	
2.羅振玉・殷商貞卜文字考	史籀篇疏證序	初一	254	
3.王國維・戩壽堂所藏殷墟文字	殷卜辭中所見先公先王考	初二	410	
4.清・劉鶚・鐵雲藏龜	殷卜辭中所見先公先王考	初二	416	
5.羅振玉・殷墟書契精華	殷卜辭中所見先公先王考	初二	425	
6.羅振玉・殷墟書契前編	殷卜辭中所見先公先王考	初二	436	
7.羅振玉・殷墟書契後編	殷卜辭中所見先公先王考	初二	436	
8.英・明義士・殷墟卜辭	古史新證	初十一	4794	
9.羅振玉・殷墟書契	說俎下	初一	155	
△吉金彝器				
1.吳彝蓋	明堂廟寢通考	初一	130	
2.君夫敦蓋	明堂廟寢通考	初一	130	
3.鬲攸从鼎	明堂廟寢通考	初一	130	
4.曶鼎	明堂廟寢通考	初一	130	
5.伊敦	明堂廟寢通考	初一	130	
6.克鐘	明堂廟寢通考	初一	130	
7.頌盤	明堂廟寢通考	初一	131	
8.頌鼎	明堂廟寢通考	初一	131	

9. 頌壺	明堂廟寢通考	初一	131	
10. 頌敦	明堂廟寢通考	初一	131	
11. 寰盤	明堂廟寢通考	初一	131	
12. 望敦	明堂廟寢通考	初一	131	
13. 毛公鼎	誥詰解	初一	32	
14. 盂鼎	誥詰解	初一	35	
15. 盂爵	誥詰解	初一	36	
16. 舨尊	誥詰解	初一	37	
17. 庚申父子角戊辰彝	誥詰解	初一	38	
18. 虢季子白盤	鬼方昆夷玁狁考	初二	585	
19. 梁伯戈	鬼方昆夷玁狁考	初二	585	
20. 尚盤	鬼方昆夷玁狁考	初二	586	
21. 包君鼎	鬼方昆夷玁狁考	初二	588	
22. 包君盉	鬼方昆夷玁狁考	初二	588	
23. 鄭同媿鼎	鬼方昆夷玁狁考	初二	588	
24. 芮伯作叔媿鼎	鬼方昆夷玁狁考	初二	588	
25. 鄧公子敦	鬼方昆夷玁狁考	初二	588	
26. 蘇冶妊鼎	鬼方昆夷玁狁考	初二	589	
27. 鑄公簠	鬼方昆夷玁狁考	初二	589	
28. 兮甲盤（今伯吉父盤）	鬼方昆夷玁狁考	初二	593	初四·1324·兮甲盤跋：濰縣陳氏藏
29. 大盂鼎	鬼方昆夷玁狁考	初二	583	
30. 小盂鼎	鬼方昆夷玁狁考	初二	583	
31. 不毀敦	鬼方昆夷玁狁考	初二	586	
32. 師寰敦	鬼方昆夷玁狁考	初二	586	
33. 邾公華鐘	鬼方昆夷玁狁考	初二	587	
34. 邾公牼鐘	鬼方昆夷玁狁考	初二	587	
35v 王孫遺鐘	鬼方昆夷玁狁考	初二	587	
36. 趩趩沇兒鐘	鬼方昆夷玁狁考	初二	587	
37. 蘇魏改鼎	鬼方昆夷玁狁考	初二	588	
38. 蘇公敦	鬼方昆夷玁狁考	初二	588	

39. 番妃鬲	鬼方昆夷玁狁考	初二	588
40. 虢仲鬲	鬼方昆夷玁狁考	初二	588
41. 虢文公子敦	鬼方昆夷玁狁考	初二	588
42. 杜伯鬲	鬼方昆夷玁狁考	初二	588
43. 南旁敦	鬼方昆夷玁狁考	初二	589
44. 齊子仲姜鎛	鬼方昆夷玁狁考	初二	596
45. 沈兒鐘	鬼方昆夷玁狁考	初二	596
46. 郵惠鼎	鬼方昆夷玁狁考	初二	600
47. 召伯虎敦	鬼方昆夷玁狁考	初二	600
48. 井鼎	周菶京考	初二	523
49. 靜彝	周菶京考	初二	523
50. 靜敦	周菶京考	初二	523
51. 史懋壺	周菶京考	初二	523
52. 遹壺	周菶京考	初二	523
53. 旁鼎	周菶京考	初二	524
54. 虎敦	殷墟卜辭中所見地名考	初二	1272
55. 趩鼎	周天子行幸征伐考	初二	1273
56. 秀嬪鼎	周天子行幸征伐考	初二	1273
57. 小臣靜彝	周天子行幸征伐考	初二	1273
58. 尤敦	周天子行幸征伐考	初二	1273
59. 睘卣	周天子行幸征伐考	初二	1273
60. 尤簋	周天子行幸征伐考	初二	1273
61. 師酉敦	周天子行幸征伐考	初二	1273
62. 宰召鼎	周天子行幸征伐考	初二	1274
63. 諆田鼎	周天子行幸征伐考	初二	1274
64. 宰圃卣	周天子行幸征伐考	初二	1274
65. 大保敦	周天子行幸征伐考	初二	1274
66. 禽彝	周天子行幸征伐考	初二	1274
67. 貞敦	周天子行幸征伐考	初二	1274
68. 徙伯彝	周天子行幸征伐考	初二	1274

69.無異敦	周天子行幸征伐考	初二	1274	
70.唯叔鼎	周天子行幸征伐考	初二	1274	
71.噩侯鼎	周天子行幸征伐考	初二	1274	
72.宗周橦	周天子行幸征伐考	初二	1273	
73.矢王鼎	古諸侯稱王說	初四	1270	
74.矢伯彝	古諸侯稱王說	初四	1271	
75.彔伯㲋敦蓋	古諸侯稱王說	初四	1271	
76.㲋伯敦	古諸侯稱王說	初四	1271	
77.㲋幾王尊敦	古諸侯稱王說	初四	1270	
78.散氏盤	古諸侯稱王說	初四	1270	
79.師兌敦	不嬰敦蓋銘考釋	初十一	4923	
80.陳獻釜	不嬰敦蓋銘考釋	初十一	4933	
81.師髮敦	不嬰敦蓋銘考釋	初十一	4924	
82.齊國佐甔	不嬰敦蓋銘考釋	初十一	4926	
83.穆公鼎	不嬰敦蓋銘考釋	初十一	4927	
84.餗鼎	不嬰敦蓋銘考釋	初十一	4927	
85.馺敦	不嬰敦蓋銘考釋	初十一	4934	
86.寡子卣	不嬰敦蓋銘考釋	初十一	4936	
87.周娟教	不嬰敦蓋銘考釋	初十一	4936	
88.周娟姬	不嬰敦蓋銘考釋	初十一	4936	
89.噩侯駿方鼎	不嬰敦蓋銘考釋	初十一	4939	
90.甫人匜	說觥	初一	147	端方藏，又吳縣曹氏藏
91.父辛尊	說觥	初一	147	吳縣曹氏，諸城劉氏藏
92.父變兕觥	說觥	初一	146	阮元藏
93.飛燕角	說觥	初一	146	端方藏
94.父丙角蓋	說觥	初一	146	貝子溥倫延鴻閣藏
95.婦闌兕觥	說觥	初一	146	淮縣陳氏（介祺）藏
96.文姬匜	說觥	初一	147	博古圖
97.啓匜	說觥	初一	147	博古圖

98.鳳匜	說觥	初一	147	博古圖
99.三夔匜	說觥	初一	147	博古圖
100.父癸匜	說觥	初一	147	博古圖
101.文姬匜	說觥	初一	147	博古圖
102.徧地雷紋匜	說觥	初一	147	博古圖
103.鳳夔匜	說觥	初一	147	博古圖
104.司寇匜	說觥	初一	147	西清古鑑
105.祖匜	說觥	初一	147	西清古鑑
106.伯和匜	說觥	初一	147	西清古鑑
107.女匜	說觥	初一	147	西清古鑑
108.山匜	說觥	初一	147	西清古鑑
109.般匜	說觥	初一	147	西清古鑑
110.利匜	說觥	初一	147	西清古鑑
111.舉匜	說觥	初一	147	西清古鑑
112.二犧匜	說觥	初一	147	西清古鑑
113.饕餮匜	說觥	初一	147	西清古鑑
114.諸女匜	說觥	初一	147	攗古錄，又端方藏
115.貫弘匜	說觥	初一	147	端方藏
116.甫人匜	說觥	初一	147	端方藏
117.父辛匜	說觥	初一	147	積古齋，又筠清館
118.父癸匜蓋	說觥	初一	147	積古齋
119.奉冊匜	說觥	初一	147	筠清館
120.冊父乙匜	說觥	初一	147	筠清館
121.亞匜蓋	說觥	初一	147	攗古錄
122.放匜	說觥	初一	147	攗古錄
123.析子孫父乙匜	說觥	初一	147	王國維所見拓本
124.父戊匜	說觥	初一	147	王國維所見拓本
125.作父乙匜	說觥	初一	147	王國維所見拓本
126.父辛尊	說觥	初一	147	吳縣曹氏、諸城劉氏
127.諸女方爵	說觥	初一	147	端方藏

128. 陳侯彝	說彝	初一	152	淮縣陳氏（介祺）藏簠齊藏器目
129. 玧彝	說彝	初一	152	端方藏
130. 伯矩彝	說彝	初一	152	吳縣潘文勤・攀古樓彝器款識
131. 父癸爵	說祖下	初一	155	
132. 齊婦鬲	說祖下	初一	155	
133. 虘鐘	與林浩卿博士論洛誥書	初一	41	
134. 郑公鐘	與林浩卿博士論洛誥書	初一	41	初三・892・郑公鐘跋：烏程張氏藏
135. 史頌敦	與林浩卿博士論洛誥書	初一	42	
136. 貿鼎	與林浩卿博士論洛誥書	初一	42	
137. 尤彝	生霸死霸考	初一	21	
138. 郑敦	生霸死霸考	初一	21	
139. 師虎敦	生霸死霸考	初一	21	
140. 吳尊	生霸死霸考	初一	21	
141. 秦大良造鞅銅量	史籀篇疏證序	初一	251	
142. 秦大良造鞅戟	史籀篇疏證序	初一	252	
143. 新郪虎符	史籀篇疏證序	初一	252	
144. 番生敦	史籀篇疏證序	初八	2894	
145. 秦盄龢鐘	史籀篇疏證	初八	2894	初三・899・秦公敦跋：合肥張氏氏藏
146. 大祝禽鼎	史籀篇疏證	初八	2895	
147. 禾子釜	史籀篇疏證	初八	2897	
148. 齊侯壺	史籀篇疏證	初八	2901	
149. 克鼎	史籀篇疏證	初八	2901	
150. 益公敦	史籀篇疏證	初八	2904	初三・885・散氏盤跋：吳縣潘氏藏
151. 咎作妣爵	史籀篇疏證	初八	2904	
152. 師田父敦	史籀篇疏證	初八	2909	
153. 曾作鬻簠	史籀篇疏證	初八	2913	
154. 晉邦盦	史籀篇疏證	初八	2913	

155. 彔伯敦	史籀篇疏證	初八	2914	
156. 叔皮父敦	史籀篇疏證	初八	2916	
157. 應公鼎	史籀篇疏證	初八	2919	
158. 格伯敦	史籀篇疏證	初八	2923	
159. 仲孫子敦	史籀篇疏證	初八	2923	
160. 韓中多壺	史籀篇疏證	初八	2923	
161. 韓姬敦蓋	史籀篇疏證	初八	2927	
162. 刺鼎	史籀篇疏證	初八	2928	
163. 茲女盉	史籀篇疏證	初八	2928	
164. 茲女盤	史籀篇疏證	初八	2928	
165. 劼毋卣	史籀篇疏證	初八	2929	
166. 楚公鐘	史籀篇疏證	初八	2931	
167. 殷仲盤	史籀篇疏證	初八	2931	
168. 齊大僕歸父盤	史籀篇疏證	初八	2931	
169. 函皇父敦	史籀篇疏證	初八	2931	
170. 罍瓶	史籀篇疏證	初八	2931	
171. 員父敦	史籀篇疏證	初八	2934	
172. 宗婦敦	史籀篇疏證	初八	2935	
173. 齊侯鎛鐘	史籀篇疏證	初八	2936	
174. 守鼎	史籀篇疏證	初八	2938	
175. 諶鼎	史籀篇疏證	初八	2938	
176. 鑄子鼎	史籀篇疏證	初八	2938	
177. 杞伯鼎	史籀篇疏證	初八	2938	
178. 夜君鼎	史籀篇疏證	初八	2938	
179. 許子簠	史籀篇疏證	初八	2939	
180. 師酉敦	史籀篇疏證	初八	2938	
181. 師遽方尊	史籀篇疏證	初八	2940	
182. 槖婦觚	史籀篇疏證	初八	2948	
183. 叒季良父壺	史籀篇疏證	初八	2955	
184. 義妣鬲	史籀篇疏證	初八	2955	

185. 召仲鬲	史籀篇疏證	初八	2955	
186. 魯伯愈父鬲	史籀篇疏證	初八	2959	
187. 邵鐘	史籀篇疏證	初八	2959	
188. 虢遣生敦	史籀篇疏證	初八	2961	
189. 城虢仲敦	史籀篇疏證	初八	2961	
190. 旅父己爵	史籀篇疏證	初八	2964	
191. 叡㫑妊敦	史籀篇疏證	初八	2967	
192. 鄅子鐘	史籀篇疏證	初八	2967	
193. 戊辰彝	殷禮徵文	初十一	4785	
194. 大豐敦	殷禮徵文	初十一	4788	
195. 癸亥父己鼎	書作冊詩尹氏說	初四	1240	
196. 安夷伯吳尊敦	書作冊詩尹氏說	初四	1241	
197. 師奎父鼎	書作冊詩尹氏說	初四	1241	
198. 師奎父虎敦	書作冊詩尹氏說	初四	1241	
199. 牧敦	書作冊詩尹氏說	初四	1241	
200. 揚敦	書作冊詩尹氏說	初四	1241	
201. 豆閈敦	書作冊詩尹氏說	初四	1241	
202. 趩尊	書作冊詩尹氏說	初四	1241	
203. 休父頌敦	書作冊詩尹氏說	初四	1241	
204. 師艅敦	書作冊詩尹氏說	初四	1241	
205. 尤盉	書作冊詩尹氏說	初四	1241	
206. 師晨鼎	書作冊詩尹氏說	初四	1241	
207. 小子師敦	釋史	初一	267	
208. 吳尊蓋	釋史	初一	270	
209. 豐姞敦	周大武樂章考	初一	102	
210. 單生鐘	周大武樂章考	初一	105	
211. 公伐郗鐘	毛公鼎銘考釋	初十一	4873	
212. 公伐郗鼎	毛公鼎銘考釋	初十一	4873	
213. 宗婦敦	釋辭上	初一	277	
214. 單伯鐘	毛公鼎銘考釋	初十一	4879	

215. 戎追敦	毛公鼎銘考釋	初十一	4882	
216. 拍尊蓋	毛公鼎銘考釋	初十一	4883	
217. 陳侯因資敦	毛公鼎銘考釋	初十一	4886	
218. 戎卤	毛公鼎銘考釋	初十一	4892	
219. 秦權量	戰國時秦用籀文六國用古文說	初一	304	
220. 盅和鐘	殷卜辭中所見先公先王考	初二	409	
221. 晉姜鼎	殷卜辭中所見先公先王考	初二	409	
222. 呂中僕尊	殷卜辭中所見先公先王考	初二	439	
223. 戎都敦	戩壽堂所藏殷虛文字考釋	續三	1283	
224. 戎都鼎	戩壽堂所藏殷虛文字考釋	續三	1283	
225. 晉敦	戩壽堂所藏殷虛文字考釋	續三	1298	
226. 箕單	戩壽堂所藏殷虛文字考釋	續三	1301	
227. 箕單父爵	戩壽堂所藏殷虛文字考釋	續三	1301	
228. 使夷敦	戩壽堂所藏殷虛文字考釋	續三	1307	
229. 屖敖敦蓋	戩壽堂所藏殷虛文字考釋	續三	1307	
230. 盧氏涅金	釋由上	初一	273	
231. 盧氏幣	釋由上	初一	273	
232. 盧子商盤	釋由上	初一	273	
233. 弘尊	釋由上	初一	273	
234. 簫鼎	釋由上	初一	274	
235. 鄘侯敦	釋由上	初一	274	898・王子嬰次盧跋：羅振玉藏
236. 孟鼎	釋由上	初一	274	
237. 伯晨鼎	釋由上	初一	273	
238. 田罷軍印	釋由下	初一	276	羅振玉藏
239. 漢元始四年銅鈁	釋由下	初一	276	端方藏
240. 陳侯鼎	女字說	初一	161	
241. 陳侯匜	女字說	初一	161	
242. 王作鬲	女字說	初一	162	
243. 戲伯鬲	女字說	初一	162	

244. 應侯敦	女字說	初一	162	
245. 伯侯父盤	女字說	初一	162	
246. 干氏權子盤	女字說	初一	162	
247. 辛仲姬鼎	女字說	初一	162	
248. 京姜鬲	女字說	初一	162	
249. 姬趑母鬲	女字說	初一	162	
250. 姬苬母鬲	女字說	初一	162	
251. 郊姑鬲南旁敦	女字說	初一	162	
252. 仲姞匜	女字說	初一	162	
253. 畢仲敦	邵鐘跋	初三	891	
254. 櫨伯敦	邵鐘跋	初三	891	
255. 干鼎	釋西	初一	284	
256. 敔敦蓋	釋旬	初一	283	
257. 散伯敦	散氏盤跋	初三	884	
258. 矢王尊	散氏盤跋	初三	884	
259. 散季敦	散氏盤跋	初三	885	
260. 滕虎敦	釋滕	初一	287	
261. 胯侯匜	釋胯	初一	288	
262. 乙亥敦	說玨朋	初一	159	
263. 遬伯寰敦	說玨朋	初一	159	
264. 庚羆	說玨朋	初一	159	
265. 且子鼎	說玨朋	初一	159	
266. 杜伯簋	說玨朋	初一	159	
267. 撫叔敦蓋	說玨朋	初一	159	
268. 戊午爵	說玨朋	初一	159	
269. 師詹敦	與友人論詩書中成語書二	初一	80	
270. 尨姑敦	與友人論詩書中成語書二	初一	80	
271. 仲姜鎛	與友人論詩書中成語書二	初一	80	
272. 虢叔旅鐘	與友人論詩書中成語書二	初一	80	
273. 廠龓虢盤	兮甲盤跋	初一	1325	

274. 身虢盤	明拓石鼓文跋	初四	1343	
275. 姜伯敦	散氏盤考釋	初十一	4902	
276. 遣卣	散氏盤考釋	初十一	4907	
277. 伐徐敦	散氏盤考釋	初十一	4908	
278. 曹鼎	散氏盤考釋	初十一	4909	
279. 麥鼎	散氏盤考釋	初十一	4909	瑞安孫氏藏
280. 麥盉	散氏盤考釋	初十一	4909	日本住友氏藏
281. 宰圃敦	散氏盤考釋	初十一	4910	
282. 鬲从簋	散氏盤考釋	初十一	4914	閩縣陳氏藏
283. 鬲攸从鼎	散氏盤考釋	初十一	4914	端方藏
284. 彔伯戜敦	散氏盤考釋	初十一	4918	
285. 邵王鼎	散氏盤考釋	初十一	4918	
286. 呂王鬲	散氏盤考釋	初十一	4918	
287. 呂王壺	散氏盤考釋	初十一	4918	
288. 克簋	散氏盤考釋	初十一	4919	
289. 小克鼎	散氏盤考釋	初十一	4919	
290. 遹敦	周莽京考	初二	526	
291. 戜敦	遹敦跋	初三	894	考古圖
292. 獻侯嚚尊	遹敦跋	初三	894	
293. 敔敦	遹敦跋	初三	894	
294. 叔家父簠	王子嬰次盧跋	初三	899	
295. 史冗簋	王子嬰次盧跋	初三	899	海豐吳氏藏
296. 尹氏銘	王子嬰次盧跋	初三	899	
297. 丁己尊	船作父乙甗跋	初四	1313	
298. 乙亥鼎	船作父乙甗跋	初四	1313	
299. 公違鼎	公違敦跋	初四	1314	
300. 鮀衛妃鼎	史頌敦跋	初四	1315	
301. 鮀甫人匜	史頌敦跋	初四	1315	
302. 秦公敦	古史新證	初十一	4795	初三·899·秦公敦跋：合肥張氏藏
303. 畢狄鐘	古史新證	初十一	4803	

304. 史頌敦	鄂侯馭方鼎跋	初四	1312	
305. 城虢中敦	鄂侯馭方鼎跋	初四	1313	
306. 堵邵鐘	鄂侯馭方鼎跋	初四	1313	
307. 歸夆敦	盂鼎銘考釋	初十一	4943	
308. 南宮（方）鼎	盂鼎銘考釋	初十一	4948	
309. 追敦	盂鼎銘考釋	初十一	4948	
310. 陳獻釜	齊國差罎跋	初三	895	
311. 北伯鼎	北伯鼎跋	初三	883	光緒庚寅直隸淶水縣張定窟出土
312. 北伯	北伯鼎跋	初三	883	
313. 大且戈	北伯鼎跋	初三	883	出於易州
314. 大父戈	北伯鼎跋	初三	883	出於易州
315. 大兄戈	北伯鼎跋	初三	883	出於易州
316. 鑄叔黑頤所作鼎簠諸器	鑄公簠跋	初三	888	光緒年青州出土
317. 夜雨楚公鐘	夜雨楚公鐘跋	初三	888	乙卯（1915）冬羅振玉得於滬肆
318. 庚嬴卣	庚嬴卣跋	初三	894	歸安吳氏藏
319. 荀伯大父簋	庚嬴卣跋	初三	894	
320. 芮君盉	庚嬴卣跋	初三	894	
321. 甲午簋	齊國差罎跋	初三	895	
322. 灉鐘	政吳王夫差鑑跋	初三	896	西清續鑑
323. 陳侯因㝆戈	王子嬰次盧跋	初三	898	
324. 闌丘戈	王子嬰次盧跋	初三	899	羅振玉藏
325. 殷時斯禁諸酒器	說斝	初一	143	端方藏
326. 父辛尊	說解	初一	147	吳縣曹氏、諸城劉氏
327. 南旁敦	女字說	初一	162	
△敦煌遺籍				
1. 敦煌本隸古定商書	鬼方昆夷玁狁考	初二	596	
2. 敦煌木蘭	史籀篇疏證	初八	2890	
3. 敦煌唐寫本修文殿御覽殘卷	古本竹書紀年輯校	初十一	4627	
4. 敦煌急救殘簡	釋由上	初一	272	

△人　名				
1. 清・江聲	周書顧命考	初一	56	
2. 崔靈恩	釋幣上	初六	2342	
3. 薛綜	鬼方昆夷玁狁考	初二	587	
4. 晉灼	鬼方昆夷玁狁考	初二	593	
5. 服虔	不嬰敦蓋銘考釋	初十一	4930	
6. 徐廣	不嬰敦蓋銘考釋	初十一	4930	
7. 翁祖庚	不嬰敦蓋銘考釋	初十一	4930	
8. 唐・元度	史籀篇疏證	初八	2881	
9. 王育	史籀篇疏證	初八	2890	
10. 朱翱	史籀篇疏證	初八	2902	
11. 譚長	史籀篇疏證	初八	2898	
12. 曹憲	史籀篇疏證	初八	2906	
13. 李陽冰	史籀篇疏證	初八	2907	
14. 傅毅	史籀篇疏證	初八	2909	
15. 熊安生	周大武樂章考	初一	103	
16. 孫伯淵	周書顧命後考序	初一	57	
17. 王鳳喈	周書顧命後考序	初一	57	
18. 褚先生史記	史記所謂古文說	初一	306	
19. 杜林	漢書所謂古文說	初一	311	
20. 王仲任	漢時古文本諸經傳考	初一	324	
21. 華嶠	史記所謂古文說	初一	308	後漢書・桓郁傳注引
22. 孫之騄	殷卜辭中所見先公先王考	初一	419	
23. 周顒	五聲說	初一	341	
24. 沈約	五聲說	初一	341	
25. 夢瑛	釋由下	初一	277	
26. 韋蘇州	與友人論石鼓書	初四	1345	
27. 漢・孟康	說亳	初二	519	
28. 孫炎	旂爵跋	初一	1323	
29. 徐楚金	釋天	初一	281	

30.吳侃如	齊國差鐘跋	初四	1328	
31.吳子宓	齊國差鐘跋	初四	1328	
32.許印林	齊國差鐘跋	初四	1328	
33.沈方伯	爾雅釋例	初一	220	
34.李少溫	釋由上	初一	272	
35.清·王文燾	散氏盤跋	初三	885	
△跋　文				
1.清·吳大澂·盂鼎跋	鬼方昆夷玁狁考	初二	583	
2.清·吳式芬·小盂鼎跋	鬼方昆夷玁狁考	初二	584	
3.陳頌南·齊候壺跋	齊侯壺跋	初四	1321	
△單篇文章				
1.漢·張衡·東京賦	鬼方昆夷玁狁考	初二	587	
2.漢畫像	說俎下	初一	157	
3.清·俞樾·生霸死霸考	生霸死霸考	初一	18	
4.張衡·思元賦	史籀篇疏證	初八	2905	
5.漢·曹全碑	史籀篇疏證	初八	2941	
6.揚雄·甘泉賦	史籀篇疏證	初八	2958	
7.楚樂歌	周大武樂章考	初一	104	
8.太公呂望墓表	古本竹書紀年輯校	初十一	4625	
9.沈約·答陸厥書	五聲說	初一	342	
10.戴震·答段若膺論韻書	五聲說	初一	342	
11.賈誼·服鳥賦	釋觶觛卮觛膰	初一	290	
12.唐·竇蒙·述書賦	與友人論石鼓書	初四	1345	
13.唐·蘇勗·會要	與友人論石鼓書	初四	1345	
14.張衡·西京賦	梁伯戈跋	初四	1331	
15.清·程易疇·磬折古義	古磬跋	初四	1332	
16.漢·郊祀歌	肅霜滌場說	初一	70	
17.漢·司馬相如·封禪文	肅霜滌場說	初一	70	
18.漢·司馬相如·上林賦	爾雅釋例	初一	217	
19.江淹·恨賦	肅霜滌場說	初一	70